Melanie Grimsehl · Verena Geweniger

Brigitte

PILATES

POWER FÜR KÖRPER UND SEELE

im
Diana Verlag

INHALT

Vorwort 6

Der Erfinder: Joseph H. Pilates
und seine sechs Grundsätze 8

Was kann Pilates – und was nicht? 12

Was ist das Powerhouse –
und wie atme ich richtig? 14

So starten Sie 16

Teil 1:
Die 22 wichtigsten
Pilates-Übungen

»Hundred« 22

»Roll-up« 24

»Single Leg Circles« 26

»Rolling like a Ball« 28

»Single Leg Stretch« 30

»Double Leg Stretch« 32

»Spine Stretch« 34

»Spine Twist« 36

»Open Leg Balance« 38

»Single Leg Kicks« 42

»Double Leg Kicks« 44

»Shell« 46

»Shoulder Bridge« 50

»Side Kicks« 52

»Half Teaser« 54

»Swimming« 56

»Front Support« 58

»Back Support« 60

»Side Bend« 62

»Mermaid« 64

»Roll-up & down« 68

»Standing Balance« 70

Teil 2:
10 Pilates-Kurzprogramme

Für Einsteigerinnen 74

Für eine tolle Figur 82

Für eine gute Haltung 90

Für Rücken, Schultern und Nacken .. 98

Für starke Knochen 106

Zum Einschlafen 114

Als Anti-Age-Programm 122

Yoga-Pilates für die Beweglichkeit ..130

Für Schwangere 140

Nach der Geburt 148

Pilates an Geräten 156

Register 158

Impressum 159

VORWORT

Loslassen, durchatmen, neue Energie schöpfen, den Körper stärken – all das ist Pilates. Der neue Trendsport verbindet genau die Eigenschaften eines Fitnesstrainings, die Frauen heute wollen: Es ist so ruhig wie Yoga und hilft, das Alltagsgrübeln abzuschalten. Gleichzeitig ist es wirksamer als das härteste Fitness-Studio-Training, weil es die tiefen Muskeln stärkt und für Effekte sorgt, die Sie mit einem herkömmlichen Workout niemals erreichen.

Immer mehr Menschen schwören darauf: Schauspielerinnen, Models, Freunde, Arbeitskollegen, Nachbarn – fast jeder, der es ausprobiert, ist begeistert. In den USA

BRIGITTE-Pilates macht Ihnen das Training ganz leicht

ist Pilates seit einigen Jahren einer der am stärksten wachsenden Fitness-Trends. Allein dort trainieren über zehn Millionen Menschen nach dieser Methode.

Egal, ob Sie schon einmal auf der Matte lagen oder es zum ersten Mal ausprobieren: BRIGITTE-Pilates macht Ihnen das Training ganz leicht. Sie haben Zeit, die Übungen in aller Ruhe zu Hause anzuschauen, genau kennenzulernen und auszuprobieren. Ohne Hast, ohne Termindruck.

Für viele Frauen ist Pilates bereits zu einem festen Bestandteil ihres täglichen Lebens geworden – so zum Beispiel für unsere Autorin Verena Geweniger: Nach der Geburt ihres zweiten Sohnes stellten Ärzte einen winzigen Spalt zwischen ihren Bauchmuskeln fest. Statt ihn operieren zu lassen, nahm sie Gymnastikunterricht – und erreichte zum Staunen der Mediziner, dass ihre Beschwerden von selber nachließen. Erst viele Jahre später erfuhr sie, dass es sich bei dem Workout um Pilates-Übungen handelte. Sie war so begeistert von der effektiven Wirkung, dass sie sich intensiver damit beschäftigte, verschiedene Pilates-Trainer-Ausbildungen absolvierte und im April 2006 schließlich den ersten Deutschen Pilates-Verband gründete, dem sie auch heute noch als Präsidentin vorsteht.

Vielleicht dauert es auch eine Weile, bis Sie sich an die spezielle Pilates-Technik gewöhnt haben. Unsere Autorin Melanie Grimsehl hatte anfangs ein wenig Mühe, gleichzeitig die Kernspannung zu halten, eine neue Atemmethode anzuwenden und die Übungen auszuführen. Nach einiger Zeit waren ihr die Bewegungen dann aber so vertraut, dass sie sich vollkommen auf die ersten beiden Dinge konzentrieren konnte. Heute schätzt sie vor allem das tolle Körpergefühl und die innere Ruhe, die sie nach einer Pilates-Stunde spürt.

Unser Modell Katja Brandt hatte während der Vorbereitung zum Fotoshooting bald ihr Lieblingsprogramm gefunden: ›Für Rücken, Schultern und Nacken‹ – weil sich damit ihre schmerzhaften Verspannungen vollständig lösten.

»Pilates soll das Beste aus dem Körper herausholen« – das war der Wunsch seines Erfinders Joseph Pilates. Um dieses Ziel zu verwirklichen, feilte er sein ganzes Leben an den Übungen. Nutzen Sie das Wissen, das er sich über Jahrzehnte hinweg erarbeitete. Probieren Sie BRIGITTE-Pilates aus und geben Sie Ihrem Körper, was er verdient: Das Beste. Viel Spaß dabei!

Ihre BRIGITTE

Der Erfinder:
Joseph H. Pilates

··

Gegen Ende des Ersten Weltkrieges brach die Spanische Grippe aus, die sich weltweit mit rasender Geschwindigkeit ausbreitete; über 25 Millionen Menschen starben. Eine ganze Gruppe deutscher Gefangener auf der englischen Isle of Man blieb dagegen ausnahmslos gesund: Ihre starke Abwehr wurde später auf ein Krafttraining zurückgeführt, das sie täglich absolvierten – unter Anleitung ihres Mitgefangenen Joseph Pilates.

Joseph Pilates, geboren 1883 in Mönchengladbach, war als Kind sehr schmächtig, außerdem litt er bereits an Asthma und Rachitis. Statt sich mit beidem abzufinden, trieb er unentwegt Sport: Er machte Bodybuilding, boxte, lief Ski – mit vierzehn Jahren war sein Körper derart trainiert, dass er für anatomische Lehrtafeln Modell stand. Später begann er aus verschiedenen fernöstlichen Trainingsmethoden wie Tai Chi und Yoga schließlich seine eigenen Übungen zu entwickeln. Mit Anfang 40 wanderte Pilates in die USA aus und lernte auf der Überfahrt seine zukünftige Frau Clara kennen. Zusammen eröffneten sie ein Studio am Broadway, in dem Haus des New York City Ballets. Schon nach kurzer Zeit kamen immer mehr Tänzer und Schauspieler, um sich von ihm unterrichten zu lassen – darunter auch Katharine Hepburn und Lauren Bacall.

Joseph Pilates entwickelte für jeden Schüler ein individuelles Programm, teilweise sogar ganz neue Übungen – nur weitere Lehrer bildete er nicht aus, dafür erschien ihm seine Methode zu komplex. Sein Training wurde immer bekannter, doch zum Megatrend wurde es erst nach seinem Tod 1967 in New York.

Joseph Hubertus Pilates wurde am 09.12.1883 in der Waldhausener Straße 20 in Mönchengladbach geboren. Sein Leben widmete er der Entwicklung eines Trainings, von dem er überzeugt war, dass es eines Tages berühmt werden würde. Heute schwören weltweit Millionen Menschen auf die Methode.

Tiefe Schultern,
gerader Rücken:
Joseph H. Pilates
prüft die Haltung
eines Schülers

Die 6 Grundsätze

Im Laufe seines Lebens verfeinerte Joseph Pilates seine Übungen immer weiter. Dabei entwickelte er sechs Grundsätze, die ihm besonders wichtig erschienen. Die meisten treffen nicht nur auf Pilates zu, sondern lassen sich mühelos auch auf andere Sportarten übertragen – bereichernd sind sie aber ohne Zweifel alle:

1. Konzentration

Sobald ein Muskel bewegt wird, muss ein anderer mitarbeiten. Betrachten Sie also immer Ihren ganzen Körper und versuchen Sie, Ihre Gedanken nur auf die jeweilige Übung zu richten. So ist das Training nicht nur besonders effektiv, Sie können auch die kleinen Alltagssorgen besser zur Seite schieben und Sie fühlen sich am Ende frisch und ausgeruht, fast wie nach einer wohltuendenden Meditation.

2. Kontrolle

Pilates erhielt seinen heutigen Namen erst sehr viele Jahre nach dem Tod des Erfinders. Er selbst nannte seine Methode »Contrology«, die Kunst der Kontrolle des Geistes über den Körper: Wichtig ist, dass die Übungen ohne Schwung erfolgen – je bewusster und genauer sie ausgeführt werden, desto schneller sehen Sie einen Erfolg.

3. Zentrierung

Für eine anmutige Haltung und graziöse Bewegungen brauchen Sie ordentlich Kraft in der Körpermitte. Um sie zu erlangen, wird das »Powerhouse« während jeder Übung angespannt. Gar nicht so leicht, nach einiger Zeit klappt es aber immer besser.

> **▶ Das »Powerhouse«**
>
> Mit diesem Begriff beschrieb Pilates die Bauch-, Beckenboden- und tiefe Rückenmuskulatur: Sie sorgt dafür, dass die Wirbelsäule stabilisiert und während der Übungen geschützt wird.

4. Bewegungsfluss

Der Übergang zwischen den Übungen soll so elegant und fließend wie möglich sein. Das fördert Ihre Konzentration und Sie lernen schnell, sich anmutiger zu bewegen – auch im Alltag.

5. Präzision

Qualität ist wichtiger als Quantität. Führen Sie die Übung also lieber einmal weniger aus, dafür ganz genau – so verbessert sich Ihr Körpergefühl und Sie korrigieren Haltungsfehler, zum Beispiel mit einem krummen Rücken am Schreibtisch zu sitzen, nach einiger Zeit ganz automatisch.

6. Atmung

Sie spielt bei Pilates eine ganz zentrale Rolle: Kraftvolles Ausatmen aktiviert die tiefen Muskeln, ermöglicht intensiveres Einatmen und verbessert auf diese Weise die Sauerstoffaufnahme des Blutes.

Was kann Pilates – und was nicht?

★ Auch, wenn es manchmal behauptet wird: Pilates steigert die reale Körpergröße nicht – dafür fühlen Sie sich nach jedem Training innerlich so aufgerichtet, als wären Sie in der letzten Stunde einige Zentimeter gewachsen. Ihre Körpermitte ist straff, die Haltung aufrecht, Sie bewegen sich graziler und gleichmäßiger.

★ Es stimmt auch nicht, dass Pilates das Herz-Kreislauf-System stärkt – das sollten Sie mit einem zusätzlichen Ausdauertraining wie zum Beispiel Laufen, Schwimmen oder Radfahren etwa 3-mal pro Woche 30 Minuten lang tun. Dafür unterstützt es den Körper in fast allen anderen Bereichen: Es regt das Knochenwachstum an und beugt Osteoporose vor – unter anderem durch Übungen, bei denen das eigene Körpergewicht gehalten werden muss. Gleichzeitig stärkt es die Koordination, macht Gelenke flexibler und fördert die Beweglichkeit. Der ganze Körper richtet sich optimal aus, sodass Verspannungen, Bandscheiben- und Knieprobleme behoben werden.

★ Pilates verwandelt Sie nicht in einen anderen Menschen – aber es macht glücklich: Schon nach ein paar Malen spüren Sie eine tiefe Zufriedenheit, innere Ruhe und Entspannung. Sie fühlen sich frisch, belebt und voller Energie. Der Grund dafür sind die bewussten Bewegungen, bei denen Sie alles andere vergessen. Kein Hüpfen, keine laute Musik, keine Atemlosigkeit – nur Sie und Ihr Körper.

★ Voluminöse Oberarme oder riesige Muskelpakete an den Beinen bekommen Sie vom Pilates-Training nicht – aber wer will die schon? Statt den Körper nur zu stärken, wird er beim Pilates gleichzeitig gedehnt. So entstehen schlanke, geschmeidige und feste Muskeln. Wissenschaftler aus den USA stellten übrigens fest, dass Pilates-Übungen für den Bauch viel effektiver sind als herkömmliche Sit-ups: Sie straffen die gesamte Mitte und sorgen gleichzeitig für eine schöne Taille.

★ Pilates tut dem Rücken gut, denn es kräftigt auch die tiefen, stabilisierenden Muskeln: Bei Ungeübten sind sie oft so schwach, dass die oberen Muskeln ihre Aufgabe übernehmen müssen und sich durch die Überlastung verspannen. Ganz wichtig ist allerdings, dass das Training richtig ausgeführt und die Spannung im Powerhouse gehalten wird, sonst können sich Beschwerden noch verstärken. Anfänger schaffen das in der Regel nicht eine ganze Stunde lang, deshalb sollten sie mit kurzen Trainingseinheiten und einfachen Übungen beginnen, wie zum Beispiel in unserem Programm »Für Einsteigerinnen« (siehe Seite 74).

★ Pilates trainiert den Beckenboden – davon profitieren gerade Frauen nach der Schwangerschaft oder während der Wechseljahre. Ihre Muskelpartie ist oft so geschwächt, dass sie inkontinent werden: Allein in Deutschland leiden über drei Millionen Frauen darunter, aus Scham gehen aber 60 Prozent von ihnen nicht zum Arzt. Dabei bringt gezieltes Training schnelle Erfolge: Beim Pilates wird der Beckenboden mit jeder einzelnen Übung gekräftigt – denn er gehört zum »Powerhouse«, also den Muskeln, die während jeder einzelnen Bewegung angespannt werden. Ein weiterer Vorteil: Ein fitter Beckenboden steigert gleichzeitig den Spaß am Sex.

Was ist das Powerhouse?

So nannte Pilates die Körpermitte, also die tiefen Bauch-, unteren Rücken- und Beckenbodenmuskeln. Um die Wirbelsäule vor Verletzungen zu schützen und gleichzeitig die wichtige Tiefenmuskulatur zu stärken, sollten sie während jeder Übung aktiviert werden. Selbst Profis müssen sich konzentrieren, um diese Spannung zu halten – und sogar Joseph Pilates bezeichnete es als »lebenslange Herausforderung«. Lassen Sie sich also nicht entmutigen, wenn's nicht gleich beim ersten Mal klappt. Je besser Sie die Übung und den Ablauf kennen, desto stärker können Sie sich auf das Powerhouse konzentrieren.

Folgende Übung hilft Ihnen, schon einmal ein Gefühl für die Technik zu entwickeln: Setzen Sie sich aufrecht hin, die Wirbelsäule ist gestreckt, die Schultern sind locker. Ziehen Sie mit dem Ausatmen den Bauchnabel nach innen zur Wirbelsäule und nach oben zum Brustkorb – und spannen Sie gleichzeitig das restliche Powerhouse an. Sie wissen nicht, wie der Beckenboden angespannt wird? Diese Bewegung spielt sich nur im Körper ab und ist nach außen nicht sichtbar. Machen Sie es richtig, haben Sie das Gefühl, dass er leicht abhebt und die Sitzbeinknochen ein kleines Stück zusammenrücken. Der Po bleibt dabei locker. Beim Pilates genügt es, wenn Sie den Beckenboden nur leicht anspannen. Stellen Sie sich vor, er wäre ein Fahrstuhl, mit dem Sie vom ersten bis zum vierten Stock fahren können – für das Training genügt die zweite Etage.

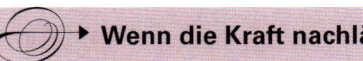

▶ Wenn die Kraft nachlässt

Können Sie die Spannung einfach nicht mehr halten, beenden Sie die Übung – auch wenn Sie noch nicht die angegebene Wiederholungszahl erreicht haben. Mit jedem Mal schaffen Sie es etwas länger.

Und wie atme ich richtig?

Tief Luft holen und dabei den Bauch flach lassen, das fällt anfangs gar nicht so leicht. Aber es geht: Wichtig ist, bei den Übungen in den seitlichen und hinteren Brustkorb zu atmen, statt wie viele Menschen flach in den Bauch. Denn es ist unmöglich, die

Bauchmuskeln anzuspannen und gleichzeitig in den Bauch zu atmen. Probieren Sie es: Spannen Sie Ihre Körpermitte an und versuchen Sie, in den Bauch zu atmen.

Folgende Übung hilft Ihnen, die richtige Atmung zu erlernen – so begann auch Joseph Pilates das Training seiner Schüler: Setzen Sie sich aufrecht hin, Schultern und Nacken sind entspannt, die Hände liegen seitlich unterhalb der Brust auf den Rippenbögen. Jetzt tief durch die Nase einatmen, sodass sich statt dem Bauch der Brustkorb weitet und der Abstand zwischen den Händen zunimmt. Anschließend kräftig durch den Mund ausatmen, dabei die Lippen so spitzen, als ob Sie eine Kerze ausblasen würden – so wird die tiefe Muskulatur zusätzlich angespannt.

Atem-Grundregel

In der Startposition durch die Nase einatmen. Beginnt die Bewegung, kräftig durch den Mund ausatmen. Sind Sie aus dem Rhythmus gekommen? Dann nicht verkrampfen und die Luft anhalten, sondern fließend weiteratmen.

So starten Sie

....

Auf den nächsten Seiten zeigen wir Ihnen die 22 wichtigsten Übungen – jede ganz genau erklärt, mit allen wichtigen Hinweisen, worauf Sie achten müssen, und vielen Tipps, wie sich eine Übung leichter oder anspruchsvoller gestalten lässt. Schauen Sie sich die Bewegungen zunächst einmal an und probieren Sie ruhig schon mal aus, wie sie sich anfühlen.

Im zweiten Teil finden Sie zehn unterschiedliche Kurzprogramme, in denen die Übungen für verschiedene Bedürfnisse ganz individuell zusammengestellt wurden. Hier sind sie noch einmal in verkürzter Form beschrieben, damit Sie beim Training nicht mehr zurückblättern müssen.

❯ **Anfänger** wählen zunächst das Kurzprogramm »Für Einsteigerinnen« (Seite 74) aus dem zweiten Teil: Es enthält Übungen, mit denen Sie die neue Atemtechnik besonders schnell lernen und Ihre Kraft langsam steigern. Bei einigen Bewegungen werden Varianten für Fortgeschrittene gezeigt. Wer generell viel Sport treibt, aber noch keine Erfahrung mit Pilates hat, bleibt lieber bei der Einsteigerform: Die Pilates-Technik unterscheidet sich grundlegend von herkömmlichen Workouts, sodass Sie mehr von den Anfängerübungen haben.

❯ **Fortgeschrittene** können sich unter allen zehn Programmen für eines entscheiden. Oder eine komplette Pilates-Stunde machen, bei der Sie alle Übungen aus dem ersten Teil hintereinander ausführen und so den ganzen Körper stärken. Nach einigen Bewegungen sind spezielle Übergangsbewegungen eingebaut, die auch dieses Programm zu einer fließenden Choreographie machen – so, wie es laut Pilates am sinnvollsten ist.

❯ **Für alle gilt:** Beginnen Sie ein Programm immer mit der Warm-up-Übung auf Seite 18 – dabei kommen Sie zur Ruhe, können sich sammeln und gleich viel besser ins Training starten.

- Haben Sie nach einer Weile einige Lieblingsübungen, versuchen Sie, diese nicht häufiger als die anderen zu machen – so bleibt der Körper im Gleichgewicht.

- Planen Sie mehrere, kleine Trainingseinheiten ein – zum Beispiel 3-mal pro Woche 20 Minuten. Anders als Ausdauersport lässt sich Pilates nicht mit einem extra langen Workout am Wochenende nachholen – regelmäßiges Üben bringt den Erfolg.

- Konzentrieren Sie sich vollkommen auf das Training: So können Sie besser vom Alltag abschalten und Stress abbauen.

- Die Bewegungen dürfen anstrengend, aber nicht schmerzhaft sein. Tut etwas weh, beenden Sie die Übung. Und sind Sie krank, lassen Sie das Training besser ausfallen.

Warm-up

Vom Kopf bis zu den Fußspitzen dehnt
diese Übung Ihren Körper – und bereitet ihn
dadurch optimal auf die nachfolgenden
Bewegungen vor. Gleichzeitig gibt sie Ihnen
Zeit, sich in Ruhe zu sammeln, sodass Sie das
Training noch besser genießen können.

....

SO GEHT'S

* Legen Sie sich auf den Rücken.

* Mit dem Einatmen die Arme in Richtung Decke strecken und gerade nach hinten führen, dabei nicht ins Hohlkreuz fallen.

* Die Beine in die Länge ziehen, die Zehenspitzen zeigen nach oben, die Schulterblätter berühren den Boden.

* Jetzt die Wirbelsäule dehnen, indem Sie das Steißbein nach unten bewegen und das Kinn in Richtung Brust führen.

* Mit dem Ausatmen die Arme wieder zur Decke und zurück an den Boden führen, dabei die Füße strecken.

* Die Übung dreimal wiederholen.

Die 22 wichtigsten Pilates-Übungen

Im ersten Teil von BRIGITTE-Pilates finden Sie die wirksamsten Haltungen von Joseph Pilates: Alle detailliert erklärt, mit vielen praktischen Hinweisen, wie sie sich leichter oder anspruchsvoller gestalten lassen – und mit jeder Menge Tipps, mit denen das Training noch mehr Spaß macht.

Hundred

Mit dieser Übung lernen Sie, das »Powerhouse« zu aktivieren – außerdem bekommen
Sie ein Gefühl für die richtige Atmung.

SO GEHT'S

* Legen Sie sich auf den Rücken, die Hände befinden sich auf dem Powerhouse, also zwischen Ihrem Bauchnabel und dem Schambein.

* Mit dem Einatmen das Kinn leicht nach unten in Richtung Brust bewegen, der Kopf bleibt auf der Matte.

* Beim Ausatmen den Bauchnabel nach innen zur Wirbelsäule und nach oben zum Brustkorb ziehen – gleichzeitig den Kopf anheben, sodass sich die Schultern vom Boden lösen.

* Das rechte Bein nach oben führen, das Knie steht über dem Hüftgelenk, der Unterschenkel ist um 90 Grad angewinkelt.

* Nach fünf Atemzügen den Kopf wieder auf der Matte ablegen und die Seite wechseln.

* Versuchen Sie, diese Übung zweimal zu wiederholen.

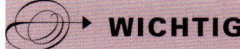

► WICHTIG

Machen Sie kein Hohlkreuz, der Rücken bleibt die ganze Zeit auf der Matte. Achten Sie auch darauf, dass der Bauch flach bleibt. Wenn Ihre Hände beim Kopfheben auf dem Powerhouse liegen, können Sie das kontrollieren.

❯ FÜR FORTGESCHRITTENE

Geübte strecken die Beine fest geschlossen nach oben zur Decke und drehen sie etwas nach außen, die Füße bilden ein »V«. Dann die Beine so weit es geht senken, ohne dabei den Rücken von der Matte zu lösen. Und die Position etwa zehn Atemzüge lang halten. Zum Schluss die Beine wieder in den 90-Grad-Winkel zur Brust ziehen.

Roll-up

Mit Hilfe der eigenen Körperkraft
langsam auf- und abrollen: Das macht
nicht nur die Wirbelsäule beweglicher –
es stärkt auch jeden einzelnen Muskel.

SO GEHT'S

* Sie liegen auf dem Rücken, umfassen die rechte Kniekehle mit beiden Händen und ziehen sie in Richtung Brust. Das linke Bein bleibt ausgestreckt am Boden.

* Mit dem Einatmen das Kinn leicht nach unten in Richtung Brust führen, dabei den Kopf auf der Matte lassen.

* Beim Ausatmen die Wirbelsäule in die Länge ziehen und den Kopf nach oben bewegen, sodass sich nur die Schultern vom Boden lösen.

* Beide Ellbogen seitlich anheben.

* Die Schultern nach unten ziehen, weg von den Ohren.

* Die Hände fest hinter der rechten Kniekehle verschränken und das rechte Bein so kraftvoll dagegendrücken, dass sich der Oberkörper ganz leicht Wirbel für Wirbel bis in den Sitz aufrollen lässt.

* Einmal tief einatmen, der Bauch bleibt flach.

* Beim Ausatmen den Oberkörper langsam wieder nach unten rollen und auf dem Boden ablegen.

* Versuchen Sie, die Übung dreimal zu wiederholen. Anschließend die Seite wechseln.

WICHTIG

Achten Sie darauf, den Oberkörper gerade auf- und abzurollen, nicht schräg über die Seiten.

VORSICHT

Wer Probleme mit dem Rücken hat, lässt diese Übung erst mal weg.

Single Leg Circles

Das Bein langsam heben und senken: Wer diese Übung
regelmäßig macht, kräftigt alle Bauch-, Rücken- und Beckenbodenmuskeln und bekommt eine beweglichere Hüfte.

* Legen Sie sich auf den Rücken und stellen Sie die Füße hüftbreit auf.

* Das rechte Bein gerade nach oben zur Decke führen, dabei auch den Fuß lang machen.

* Beim Ausatmen das gestreckte Bein langsam senken, mit dem Einatmen wieder heben.

* Achten Sie darauf, dass das Becken gerade bleibt, ziehen Sie den Bauchnabel ein und die Wirbelsäule in die Länge.

* Wiederholen Sie die Übung fünfmal. Dann die Seite wechseln. Zum Schluss beide Beine an die Brust ziehen und in den Sitz hochschaukeln.

So wird's leichter

Um nicht ins Hohlkreuz zu fallen, legen Sie ein Handtuch unter den Kopf – so lassen sich auch die Bauchmuskeln leichter anspannen. Schaffen Sie es nicht, die Beine ganz gerade zu lassen, können Sie sie leicht anwinkeln.

> **FÜR FORTGESCHRITTENE**

Strecken Sie das linke Bein am Boden aus, heben Sie das andere Bein gerade nach oben und versuchen Sie, möglichst große Kreise an die Decke zu »malen« : fünfmal von außen nach innen, fünfmal von innen nach außen. Dabei schön gleichmäßig atmen und ganz ruhig liegen bleiben – zur Kontrolle können Sie die Hände auf das Becken legen.

Rolling like a Ball

Die Balance halten und dabei
langsam vor- und zurückrollen, möglichst
kontrolliert: So schulen Sie Ihre Koordination,
stärken die Körpermitte und sorgen
gleichzeitig für eine sanfte Massage der
gesamten Rückenmuskulatur.

....

SO GEHT'S

* Setzen Sie sich hin, öffnen Sie die Knie schulterbreit und umfassen Sie Ihre Kniekehlen.

* Zurücklehnen, sodass das Gewicht hinter den Sitzbeinknochen liegt.

* Ziehen Sie die Beine zu sich heran, machen Sie einen runden Rücken und versuchen Sie, die Balance zu halten.

* Die Schultern sind tief, beide Ellenbogen zur Seite angehoben, der Bauch ist ganz flach.

* Beim Einatmen nach hinten über den Rücken rollen, ohne dass der Kopf den Boden berührt.

* Mit dem Ausatmen wieder nach oben kommen, die Füße nicht absetzen.

* Insgesamt zehnmal hin und her rollen. Zum Schluss langsam wieder in die Rückenlage kommen und die Arme zu den Seiten ablegen.

WICHTIG

Schauen Sie während der Übung nicht zur Decke, sondern auf Ihren Bauchnabel. Achten Sie darauf, nur bis zu den Schulterblättern abzurollen. Und führen Sie die Bewegung ganz kontrolliert aus – ohne Schwung.

So wird's leichter

Ist das komplette Auf- und Abrollen unangenehm, weil Ihre Muskeln zu verspannt sind? Dann bleiben Sie bei dieser Übung zunächst auf dem Rücken liegen und rollen nur leicht hin und her.

Single Leg Stretch

Perfekt für die Bikini-Figur: Diese Übung
sorgt für einen flachen Bauch und straffe Beine –
außerdem fördert sie die Koordination und kräftigt
die gesamte Rückenmuskulatur.

✳ Legen Sie sich auf den Rücken und heben Sie die Beine im 90-Grad-Winkel an, sodass die Knie über der Hüftgelenken stehen.

✳ Die Arme seitlich nach hinten ausstrecken, sie bilden ein »U«

✳ Mit dem Ausatmen den Bauchnabel einziehen und das rechte Bein langsam diagonal ausstrecken.

✳ Beim Einatmen das Bein in dem gleichen Tempo wieder anwinkeln.

✳ Jetzt das andere Bein strecken. Insgesamt fünfmal pro Seite.

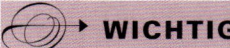 **WICHTIG**

Machen Sie Ihren Rücken schön lang und achten Sie darauf, dass er während der ganzen Übung fest auf der Matte bleibt.

> **FÜR FORTGESCHRITTENE**

Geübte legen ihre Arme neben dem Becken ab, ziehen das Kinn in Richtung Brust und heben den Kopf an.

Double Leg Stretch

Diese Übung ist anstrengender als die Variante mit nur einem Bein, dafür auch effektiver – für einen noch festeren Bauch und noch schönere Beine.

....

* Legen Sie sich auf den Rücken und strecken Sie die Arme in U-Form seitlich nach hinten aus.

* Die Beine nacheinander angewinkelt anheben, sodass die Knie etwa schulterbreit geöffnet sind und sich die Fersen berühren.

* Mit dem Ausatmen den Bauchnabel einziehen und beide Beine diagonal ausstrecken: Sie sind fest geschlossen, die Füße zeigen leicht nach außen und bilden ein »V«.

* Beim Einatmen die Beine wieder langsam beugen.

* Die Übung fünfmal wiederholen. Zum Schluss in den Sitz rollen.

So wird's leichter

Stellen Sie sich vor, mit den Füßen etwas Schweres wegzuschieben. Wenn Sie ins Hohlkreuz fallen, die Beine mehr zur Decke heben oder nicht ganz durchstrecken.

> ❯ **FÜR FORTGESCHRITTENE**

Ziehen Sie das Kinn zur Brust, heben den Kopf an und legen die Arme neben dem Becken ab.

TIPP

Bei Problemen mit der Halswirbelsäule den Kopf auf dem Boden lassen und ein kleines Kissen unterlegen.

Spine Stretch

Die Wirbelsäule richtig in die Länge ziehen
und gleichzeitig die Beinrückseite dehnen:
Das tut dem Rücken gut und trainiert
auch noch die Beweglichkeit.

SO GEHT'S

* Setzen Sie sich aufrecht hin, die Beine sind gerade. Atmen Sie tief ein und heben den Hinterkopf zur Decke.

* Beim Ausatmen das Kinn in Richtung Brust bewegen und mit dem Kopf den oberen Rücken Wirbel für Wirbel nach vorne abrollen.

* Dabei den Bauchnabel Richtung Wirbelsäule ziehen, Arme und Schultern locker lassen.

* Tief einatmen – und mit dem Ausatmen wieder langsam aufrollen.

* Insgesamt fünfmal hoch- und runterrollen.

* Nach dem letzten Abrollen die Knie leicht anheben, sodass Sie darunter durchgreifen und Ihre Ellenbogen umfassen können.

* Versuchen Sie, die Position zehn Atemzüge lang zu halten.

* Beim nächsten Ausatmen wieder langsam aufrollen.

TIPP

Drücken Sie den Rücken gegen eine Wand – so spüren Sie, wie sich beim Hinunterrollen nacheinander jeder einzelne Wirbel löst und verbessern Ihr Körpergefühl.

So wird's leichter

Wenn Sie Probleme haben, die Beine ganz durchzustrecken, lassen Sie die Knie während der ganzen Übung etwas gebeugt.

Spine Twist

Ideal für Einsteigerinnen: Diese Übung
sorgt nicht nur für eine gute Haltung,
sondern gibt auch eine schlanke Taille und
verbessert Ihre Beweglichkeit.

....

✳ Setzen Sie sich hin, die Beine sind schulterbreit geöffnet, die Fußspitzen zeigen zur Decke.

✳ Strecken Sie Ihre Arme lang zur Seite aus, die Daumen nach oben richten.

✳ Während des Ausatmens den Bauchnabel nach innen ziehen.

✳ Beim Einatmen den Oberkörper mit gestreckten Armen so weit es geht nach rechts drehen.

✳ Mit dem Ausatmen wieder zurück zur Mitte kommen.

✳ Beim nächsten Atemzug nach links drehen und mit dem Ausatmen wieder in die Ausgangsposition kommen.

✳ Insgesamt fünfmal zu jeder Seite wiederholen.

✳ Die letzte Drehung auf jeder Seite einige Atemzüge lang halten, dabei versuchen, die Arme noch etwas mehr in die Länge ziehen.

➲ WICHTIG

Achten Sie darauf, dass sich der Po bei der Drehbewegung nicht vom Boden löst, sondern während der gesamten Zeit auf der Matte bleibt. Die Schultern tief nach unten ziehen.

❯ FÜR FORTGESCHRITTENE

Legen Sie die Fingerspitzen an die Ohren, ziehen die Ellenbogen auseinander und die Schultern nach unten. Mit dem Einatmen wie bei der Grundübung nach rechts drehen – beim Ausatmen jedoch den linken Ellenbogen zwischen die Knie führen. Einatmen, nach rechts gedreht aufrichten. Ausatmen, zurück in die Ausgangsposition. Dann zur anderen Richtung wiederholen. Fünfmal pro Seite.

Open Leg Balance

Ein gutes Körpergefühl, eine bessere Koordination,
Kraft für den Rücken, mehr Balance –
all das können Sie mit dieser Haltung erreichen.

* Setzen Sie sich hin, stellen Sie die Füße schulterbreit auf und verlagern Sie Ihr Gewicht auf die Stelle hinter den Sitzbeinknochen.

* Ziehen Sie die Beine heran, umfassen Sie die Kniekehlen, schieben Sie Ihr Steißbein nach unten und machen Sie den unteren Rücken rund.

* Die Ellenbogen zur Seite anheben.

* Der Bauch ist flach, die Schultern bleiben tief.

* Mit dem Einatmen das rechte Bein nach oben strecken und beim Ausatmen wieder beugen.

◖ ▸ WICHTIG

Vergessen Sie nicht Ihre Bauchspannung und strecken Sie die Brustwirbelsäule in die Länge.

* Insgesamt dreimal zu jeder Seite wiederholen.

* Dann beide Beine strecken und die Balance einige Atemzüge lang halten.

So wird's leichter

Haben Sie Probleme, die Balance zu halten? Dann konzentrieren Sie sich erst mal nur darauf und strecken die Beine noch nicht aus.

⭐ So wechseln Sie die Position

Joseph Pilates wollte, dass seine Übungen möglichst fließend ausgeführt werden – nur so gelingt es, sich ganz auf das Training zu konzentrieren, die Bewegungen präzise auszuführen und vollkommen zur Ruhe zu kommen. Fortgeschrittene, die alle 22 Pilates-Übungen nacheinander als Workout für den ganzen Körper ausführen möchten, finden deshalb vor jedem Positionswechsel spezielle Übergangsbewegungen – um elegant vom Sitz in die Bauchlage, von der Bauch- in die Rückenlage oder vom Sitz in den Stand zu kommen. Auf diese Weise ergibt sich ein lockerer Bewegungsfluss – zudem helfen die Zwischenschritte, den Körper zu dehnen und optimal auf die jeweils nächsten Übungen vorzubereiten, wie ein »Mini-Warm-up« für zwischendurch.

Sit on Heels

Der »Fersensitz« dehnt Füße, Oberschenkel und Hüfte – eine perfekte Einstimmung für die nachfolgenden Übungen.

....

SO GEHT'S

....

Sie sitzen auf dem Boden – die Beine sind noch aufgestellt.

⭐ Die linke Hand neben dem Becken aufstützen, die Knie nach links sinken lassen und die Füße an den Po ziehen.

⭐ In einem Atemzug den Oberkörper nach vorne verlagern, das Becken anheben und auf den Fersen zum Sitzen kommen – dabei den Fußrücken flach auf die Matte legen, die Hände berühren die Knie.

⭐ Das Steißbein nach unten bewegen, die Wirbelsäule aufrichten und die Dehnung drei Atemzüge lang halten.

Pidgeon

Die »Taube« tut einfach gut: Es
gibt keine bessere Haltung, um den
Bauch zu strecken und die Hüfte
beweglicher zu machen.

....

SO GEHT'S

* Strecken Sie das rechte Bein nach hinten aus, dabei das Becken
gerade lassen und nicht zur Seite drehen.

* Die Hände neben den Knien auf dem Boden abstützen, sodass die
Finger nach vorne zeigen.

* Beim Einatmen das Brustbein in Richtung Decke heben und diese
Dehnung drei Atemzüge lang halten.

* Anschließend das linke Bein ebenfalls nach hinten ausstrecken,
tief einatmen und langsam in die Bauchlage gehen.

Single Leg Kicks

Diese Übung strafft die Beine,
stärkt den Rücken und festigt den Po:
Führen Sie die Bewegung
ganz langsam aus – Ihre Atmung
gibt den Rhythmus vor.

....

* Sie liegen flach auf dem Bauch, die Hände sind unter der Stirn, die Ellenbogen zeigen zur Seite.

* Ziehen Sie die Schultern weg von den Ohren, rollen Sie das Steißbein leicht nach unten ein und machen Sie den Rücken lang. Der Bauch ist flach.

* Mit dem Einatmen das rechte Bein ein Stück anheben.

* Beim Ausatmen den Unterschenkel in Richtung Po ziehen.

* Mit dem Einatmen das Bein wieder langsam strecken.

* Beim nächsten Ausatmen das Bein ganz ablegen.

* Und die Übung auf der anderen Seite wiederholen. Fünfmal pro Bein.

TIPP

Wer Probleme mit dem Rücken hat, legt anfangs ein dickes Kissen unter den Bauchnabel.

 **WICHTIG**

Es geht nicht darum, das Bein möglichst hoch zu heben. Wichtiger ist, den Körper ganz lang zu ziehen und die Spannung im Powerhouse zu halten.

Double Leg
Kicks

Oberkörper und Beine gleichzeitig
anzuheben ist gar nicht so leicht –
wer es schafft, bekommt
ordentlich Kraft im unteren Rücken,
trainiert die Beinrückseite
und fördert die Koordination.

....

∗ Sie bleiben auf dem Bauch, die Hände unter der Stirn, die Ellenbogen zur Seite gerichtet.

∗ Die Schultern nach unten ziehen, weg von den Ohren. Den Rücken dabei ganz lang machen.

∗ Jetzt mit dem Einatmen Oberkörper und beide Beine anheben, die Hände bleiben an der Stirn.

∗ Beim Ausatmen die Unterschenkel langsam beugen, der Bauch ist flach.

∗ Mit dem Einatmen wieder strecken.

∗ Und beim nächsten Ausatmen Oberkörper und Beine ablegen.

∗ Die Übung dreimal wiederholen. Am Ende Oberkörper und Beine nicht absetzen, sondern die Arme parallel zum Boden nach hinten führen und die Position fünf Atmzüge lang halten.

> **FÜR FORTGESCHRITTENE**

Geübte ziehen während der Endposition die Fersen wieder Richtung Po und umfassen die Füße mit den Händen.

▸ **WICHTIG**

Achten Sie darauf, dass das Becken am Boden bleibt, es sollte nicht zur Seite kippen. Schultern und Nacken bleiben ganz locker – sind sie angespannt, heißt es, dass Sie sich überfordern.

Shell

Die »Muschel« löst nicht
nur Spannungen in den Schultern,
sie dehnt auch den ganzen Rücken,
die Hüfte und die Beine – danach
fühlen Sie sich wie neugeboren.

SO GEHT'S

✴ Sie liegen flach auf dem Bauch und setzen die Hände neben dem Brustkorb auf.

✴ Einmal tief einatmen.

✴ Beim Ausatmen den Bauchnabel einziehen und den Rücken rund machen, sodass sich der Bauch vom Boden löst.

✴ Die Arme strecken, den Oberkörper nach oben drücken und das Becken heben – die Schultern tief lassen.

✴ Die Knie beugen und den Po nach hinten führen, bis Sie schließlich auf den Fersen sitzen.

✴ Diese Position einige Atemzüge lang halten.

✱ WICHTIG

Wechseln Sie möglichst zügig von der Bauchlage in die Endposition. Die Bewegung sollte nicht länger als einen Atemzug dauern.

TIPP

Versuchen Sie den Po mit jedem Atemzug noch etwas weiter nach unten zu führen – so verstärken Sie den Effekt.

Inverted V

Diese Haltung hat Joseph Pilates beim Yoga abgeguckt –
sie dehnt die Arme und Beinrückseiten.

....

SO GEHT'S

✳ Stellen Sie die Zehen auf und setzen Sie Ihre Hände
möglichst weit vor dem Körper auf.

✳ Tief einatmen.

✳ Beim Ausatmen Arme und Beine strecken und den Po in Richtung
Decke führen, sodass der Körper ein umgedrehtes »V« ergibt.
Die Fersen berühren den Boden.

✳ Die Position etwa drei Atemzüge lang halten.

Crouch

Eine perfekte Übung, um in einer fließenden Bewegung
zur nächsten Position zu gelangen – und gleichzeitig
den ganzen Rücken und die Waden zu strecken.

....

SO GEHT'S

⁕ Beugen Sie die Beine, führen S e das Becken nach unten und
gehen Sie mit kleinen Schritten zwischen die Hände, sodass Sie sich
in die Hocke setzen können.

⁕ Die Arme sind leicht angewinkelt, die Fersen berühren den Boden.

⁕ Diese Position drei Atemzüge lang halten.

⁕ Nun den Po absetzen, den Rücken langsam abrollen – wenn nötig
dabei an den Oberschenkeln festhalten.

Shoulder Bridge

Diese Übung ist ein Multitalent: Mit
ihr straffen Sie gleichzeitig Po und
Beinrückseite, stärken Ihren Rücken
und verbessern Ihre Beweglichkeit.

SO GEHT'S

* Sie liegen auf dem Rücken, Ihre Füße sind hüftbreit aufgestellt, die Arme lang nach hinten ausgestreckt.

* Beim Ausatmen den Bauchnabel nach innen ziehen, das Steißbein einrollen und das Becken heben.

* Den Rücken Wirbel für Wirbel aufrollen, bis nur noch die Schulterblätter den Boden berühren.

* Einmal tief einatmen.

* Mit dem nächsten Ausatmen den Rücken wieder langsam abrollen, dabei die Schultern und Arme möglichst locker lassen.

* Insgesamt dreimal wiederholen, dann die Beine ausstrecken.

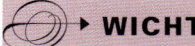 **WICHTIG**

Die Knie zeigen bei dieser Übung gerade nach oben zur Decke – um die Position besser halten zu können, einen kleinen Ball oder ein Kissen dazwischenlegen.

❯ FÜR FORTGESCHRITTENE

Rollen Sie den Rücken wie bei der Grundübung Wirbel für Wirbel langsam nach oben. Legen Sie dann ihre Hände auf das Becken, heben Sie den rechten Fuß und halten Sie diese Position fünf Atemzüge lang. Wichtig dabei ist, das Becken ganz gerade zu lassen und nicht zur Seite zu kippen. Mit dem nächsten Einatmen den Fuß absetzen und während des Ausatmens den Rücken langsam abrollen. Die Übung mit dem anderen Fuß wiederholen und wieder fünf Atemzüge lang halten.

Side Kicks

Sie möchten eine schlanke Taille, einen
starken Rücken und straffe Beine?
Diese Übung erfüllt alle drei Wünsche –
und verleiht Ihnen zusätzlich ein
besseres Balancegefühl.

....

SO GEHT'S

✶ Rollen Sie auf die rechte Seite, strecken Sie den rechten Arm lang aus und legen Sie den Kopf darauf ab.

✶ Die linke Hand vor der Brust aufstützen, den Körper in die Länge ziehen.

✶ Beim Ausatmen das Powerhouse aktivieren und beide Beine mit Kraft aus der Körpermitte heraus anheben.

✶ Fließend weiteratmen.

✶ Das linke Bein noch etwas höher heben, dann wieder senken – ganz langsam und fließend.

✶ Insgesamt zehnmal wiederholen. Danach das linke Bein oben halten und das rechte zehnmal langsam auf und ab bewegen.

✶ Zum Schluss die gestreckten Arme ebenfalls anheben und versuchen, einige Atemzüge lang die Balance zu halten. Der Bauch bleibt flach.

✶ Anschließend auf den Rücken rollen, ohne dass die Arme und Beine den Boden berühren. Und die Übung zur anderen Seite wiederholen.

⟳ ▸ WICHTIG

Bei der Übung geht es darum, das Becken ganz ruhig zu halten und den Körper in die Länge zu ziehen – wie hoch Sie die Beine heben, ist Nebensache.

Half Teaser

Denken Sie einfach an den flachen Bauch,
den Sie durch diese Übung in Kürze
haben – dann fällt Ihnen die Bewegung
bestimmt gleich viel leichter.

....

✳ Legen Sie sich auf den Rücken und stellen Sie die Füße geschlossen auf, die Arme liegen neben dem Becken

✳ Das rechte Bein im 45-Grad-Winkel nach oben ausstrecken, dabei die Knie weiterhin zusammenhalten.

✳ Beim Einatmen die Arme strecken und bis auf Augenhöhe anheben, dabei den Rücken auf der Matte lassen und die Schultern nach unten ziehen.

✳ Mit dem Ausatmen in einem Zug in den Sitz hochrollen, das Powerhouse ist angespannt.

✳ Tief Luft holen und mit dem Ausatmen wieder Wirbel für Wirbel abrollen.

✳ Insgesamt dreimal. Dann die Übung mit dem anderen Bein wiederholen.

❯ FÜR FORTGESCHRITTENE

Bleiben Sie zum Schluss im Balancesitz, strecken Sie beide Beine aus und versuchen Sie, diese Position fünf Atemzüge lang zu halten.

TIPP

Haben Sie Rückenbeschwerden oder schaffen Sie es nicht, gleichmäßig aufzurollen, beginnen Sie mit der Übung im Sitzen und rollen Sie nicht bis ganz nach unten ab.

Vom Sitz in die Bauchlage

Wie Sie in einer harmonischen Bewegung wieder in die Bauchlage wechseln und gleichzeitig Ihre Muskeln perfekt auf die nachfolgenden Übungen vorbereiten, sehen Sie auf Seite 40.

Swimming

Stellen Sie sich vor, durchs Wasser zu
gleiten, und ziehen Sie den Oberkörper richtig in die Länge –
so stärken Sie Ihren Rücken und
bekommen einen knackigen Po.

....

SO GEHT'S

✴ Sie liegen auf dem Bauch und setzen die Hände neben dem unteren Brustkorb auf, sodass die Ellenbogen nach oben zeigen.

✴ Rollen Sie das Steißbein in Richtung Fersen und ziehen Sie die Wirbelsäule in die Länge. Die Schultern sind tief, der Bauch ist flach.

✴ Beim Einatmen den Oberkörper und das rechte Bein anheben.

✴ Dabei das Becken gerade auf dem Boden halten.

✴ Mit der Ausatmung Oberkörper und Beine ablegen.

✴ Beim nächsten Luftholen den Oberkörper und das linke Bein heben.

✴ Die Übung auf jeder Seite fünfmal wiederholen.

TIPP

Bei Rückenbeschwerden anfangs ein Kissen unter den Bauchnabel legen.

> **FÜR FORTGESCHRITTE**

Heben Sie beide Beine gleichzeitig an und führen Sie die Übung dreimal aus. Dann die Arme nach vorne strecken und mit den Beinen im Wechsel heben: beim Einatmen das linke Bein und den rechten Arm, beim nächsten Einatmen das rechte Bein und den linken Arm. Dabei bleiben alle ständig in der Luft. Fünfmal pro Seite.

Front Support

Kraft für den ganzen Körper:
Diese Übung lohnt sich – sie stärkt alle
Muskeln an Bauch, Armen und
Beinen besonders effektiv.

....

* Gehen Sie in den Vierfüßlerstand: Die Hände sind unter den Schultern, die Knie unter der Hüfte, die Schultern tief nach unten gezogen.

* Machen Sie den Rücken ganz lang und stellen Sie die Zehenspitzen auf.

* Mit dem Ausatmen die Knie etwa fünf Zentimeter heben und einige Atemzüge lang so bleiben, der Bauch ist dabei ganz flach.

* Beim Ausatmen den rechten Fuß vom Boden lösen und diese Position fünf Atemzüge lang halten.

* Anschließend die Übung mit dem linken Fuß wiederholen.

> **WICHTIG**

Achten Sie beim Anheben der Füße darauf, dass Ihre Knie sich auf einer Höhe befinden und das Becken nicht zur Seite kippt.

> **FÜR FORTGESCHRITTENE**

Geübte strecken die Beine nach hinten aus – dabei bilden Oberkörper, Po und Beine eine gerade Linie. Diese Position fünf Atemzüge lang halten. Probieren Sie diese Haltung erst, wenn die Grund- übung richtig sitzt.

Von der Bauch- zur Rückenlage

Lesen Sie auf Seite 48, wie Sie am besten zur nächsten Übung wechseln und Ihre Muskeln so vorbereiten, dass die nachfol- genden Bewegungen noch effektiver wir- ken. Setzen Sie in der Position »Crouch« nur den Po ab, ohne auf den Rücken zu rollen.

Back Support

Anstrengend, aber wirksam: Eine
wichtige Übung, mit der Sie
dem ganzen Körper etwas Gutes tun –
vor allem Ihrem Rücken und den Schultern.

✳ Sie sitzen aufrecht und stellen die Füße hüftbreit auf.

✳ Die Hände hinter dem Po aufsetzen, sodass die Finger nach vorne zeigen.

✳ Mit dem Ausatmen das Power-house anspannen, die Füße fest gegen den Boden drücken und das Becken anheben, sodass Oberkörper und Beine eine gerade Linie ergeben.

✳ Der Blick zeigt zum Bauchnabel.

✳ Versuchen Sie, diese Position einige Atemzüge lang zu halten.

✳ Beim Ausatmen das rechte Bein ausstrecken, dabei bleiben die Knie auf einer Höhe.

✳ Fünf Atemzüge lang die Position halten, dann die Seite wechseln.

✳ Die Übung zweimal wiederholen.

VORSICHT

Haben Sie Schmerzen in den Schultern, lassen Sie diese Übung erst mal weg – vielleicht klappt es später besser.

> FÜR FORTGESCHRITTENE

Strecken Sie Ihre Beine lang aus, setzen Sie beide Fersen auf und kommen Sie danach mit dem Becken nach oben. Die Position etwa fünf Atemzüge lang halten. Dann eine kurze Pause einlegen – und die Übung gleich noch einmal wiederholen.

Side Bend

Diese Übung hat es in sich:
Sie kräftigt Rücken, Schultern und
Arme, stabilisiert die Hüftgelenke
und verleiht eine schlanke Taille.

....

✱ Setzen Sie sich aufrecht hin, dreher Sie sich auf die rechte Seite und stützen Sie den rechten Ellenbogen auf.

✱ Die Unterschenkel um 90 Grad anwinkeln. Die Schultern tief nach unten bewegen und den linken Arm gestreckt über den Kopf führen.

✱ Mit dem Ausatmen den Bauch einziehen und den Ellenbogen gegen die Matte drücken – dann Becken und Brustkorb heben.

✱ Diese Position fünf Atemzüge lang halten. Anschließend langsam hinsetzen und die Seite wechseln.

 ▸ **WICHTIG**

Knie, Hüfte und Schultern bilden eine Linie. Denken Sie daran, die Schultern unten zu lassen.

❯ **FÜR FORTGESCHRITTENE**

Lassen Sie die Beine ausgestreckt, stützen Sie sich mit der Hand ab und heben Sie den ganzen Körper an. Achten Sie darauf, dass das Powerhouse während der ganzen Übung angespannt bleibt.

Mermaid

Genießen Sie die anmutige
Meerjungfrauen-Haltung:
Sie trainiert die ganze Wirbelsäule
und lässt gleichzeitig die
Schultern beweglicher werden.

SO GEHT'S

* Gehen Sie in den Schneidersitz und ziehen Sie den Bauchnabel in Richtung Wirbelsäule.

* Mit dem Einatmen den linken Arm über den Kopf zur rechten Seite führen und so lang wie möglich machen.

* Beim Ausatmen wieder zurück in die Mitte kommen.

* Einatmen, den rechten Arm so weit es geht nach links ausstrecken. Ausatmen, zurück in die Mitte gehen.

* Insgesamt beide Seiten jeweils dreimal dehnen.

* Anschließend den Rücken ganz rund machen und die Stirn auf dem rechten Knie ablegen.

* Diese Position einige Atemzüge lang halten, dabei alles locker lassen. Die Stirn auf das linke Knie legen, dann zurück zur Mitte kommen. Zum Schluss die Beine wechseln, also das untere Bein nach oben bringen. Und die Übung einmal wiederholen.

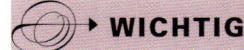 **WICHTIG**

Beide Sitzbeinknochen bleiben während der ganzen Übung fest auf der Matte verankert.

So wird's leichter

Wer Probleme mit dem Schneidersitz hat, macht die Übung auf einem Stuhl. Neigen Sie sich nicht so weit zur Seite – entscheidend ist, den Arm lang zu machen.

Sit on Heels

Strecken Sie Füße, Hüfte und Oberschenkel – so fallen
Ihnen die nächsten Übungen leichter.

SO GEHT'S

* Sie sitzen aufrecht auf dem Boden – die Beine sind aufgestellt.

* Stützen Sie die linke Hand neben dem Becken auf, lassen Sie die
  Knie nach links sinken und ziehen Sie die Füße an den Po.

* In einem Atemzug den Oberkörper nach vorne verlagern, das Becken
  anheben und auf den Fersen zum Sitzen kommen – dabei den Fußrücken flach auf die Matte legen und die Hände auf den Knien ablegen.

* Das Steißbein nach unten bewegen, die Wirbelsäule aufrichten
  und die Dehnung drei Atemzüge lang halten.

Crouch

Dehnt den ganzen Rücken, streckt die Waden,
mobilisiert die Beine – und führt Sie in einer fließenden
Bewegung zur nächsten Position.

....

SO GEHT'S

* Legen Sie die Hände neben den Knien ab, beugen Sie den Oberkörper leicht nach vorne und stellen Sie die Zehen auf.

* Heben Sie den Po an und verlagern Sie das Gewicht nach vorne,
sodass Sie in die Hocke kommen.

* Die Arme sind leicht angewinkelt, die Fersen berühren den Boden.

* Diese Position drei Atemzüge lang halten.

Roll-up & down

Das bewusste Auf- und Abrollen hilft Ihnen, den
Körper besser wahrzunehmen und tut der Wirbelsäule gut:
Spüren Sie, wie sie mit jedem Mal beweglicher
wird und sich weniger steif anfühlt.

SO GEHT'S

* Sie sitzen in der Hocke und atmen möglichst tief ein.

* Drücken Sie Ihre Füße gegen die Matte und strecken Sie dann langsam die Beine durch.

* Kopf und Arme dabei ganz locker hängen lassen.

* Mit dem Ausatmen den Bauchnabel nach innen ziehen und den Oberkörper Wirbel für Wirbel aufrichten.

* Einmal tief einatmen.

* Dann den Oberkörper wieder genau so langsam nach unten rollen.

* Insgesamt dreimal wiederholen – zum Schluss aufrecht stehen bleiben.

TIPP

Stellen Sie sich beim Aufrollen ein schweres Gewicht vor, das Ihr Steißbein nach unten zieht. So strecken Sie Ihre Wirbelsäule automatisch noch etwas mehr in die Länge.

VORSICHT

Wenn Sie Rückenschmerzen haben, beugen Sie die Knie ein bisschen. Bei Bandscheibenproblemen lassen Sie diese Übung lieber erst mal weg.

Standing Balance

Richten Sie sich zu voller Größe auf
und gehen Sie bis hoch auf
die Zehenspitzen – das fühlt sich
gut an und stärkt Beine, Hüfte
und Sprunggelenke.

....

SO GEHT'S

∗ Stellen Sie sich aufrecht hin, dabei sind die Beine geschlossen und der Bauch ist ganz flach.

∗ Heben Sie das rechte Bein gebeugt an, die Hände umfassen die Kniekehle.

∗ Das Steißbein nach unten bewegen, den Hinterkopf zur Decke ziehen.

∗ Diese Position fünf Atemzüge lang halten, dann das Bein wechseln.

∗Tief Luft holen und beide Arme zur Decke strecken.

∗ Fließend weiteratmen, dabei auf die Zehenspitzen gehen und fünf Atemzüge lang die Balance halten. Anschließend die Fersen ganz langsam wieder aufsetzen.

∗ Zum Schluss die Arme fallen und locker ausschwingen lassen.

TIPP

Achten Sie darauf, die Fersen am Ende geschlossen zu lassen. Anfangs genügt es, sie nur einige Zentimeter zu heben.

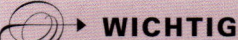 ▸ **WICHTIG**

Strecken Sie den Oberkörper so richtig in die Länge – und versuchen Sie dabei, die Hüfte nicht sinken zu lassen.

10 Pilates-Kurzprogramme

Egal, ob Sie Ihre Figur in Form bringen, Rückenschmerzen lindern oder entspannter einschlafen möchten: Im zweiten Teil von BRIGITTE-Pilates finden Sie zehn ganz individuelle Programme, die Ihnen genau das geben, was Sie gerade brauchen.

Für
Einsteigerinnen

Sie haben noch nie Pilates gemacht? Dann können Sie sich jetzt schon auf das großartige Körpergefühl und die innere Ruhe freuen, die Sie bald zum ersten Mal erfahren werden. Dieses Programm ist der perfekte Einstieg dafür: Es ist eigens für Anfängerinnen entwickelt worden – also genau richtig, um das Training kennenzulernen und ein Gespür für die spezielle Technik zu entwickeln. Haben Sie dabei Geduld: Ihr Körper braucht etwas Zeit, um sich an die neuen Bewegungen zu gewöhnen. Laut Joseph Pilates muss jede Übung mindestens drei Monate lang dreimal pro Woche ausgeführt werden, bis sie richtig sitzt. Also: Lassen Sie sich Zeit – so lernen Sie, Pilates zu lieben, und haben jede Menge Spaß daran.

1. Roll-up S. 24

* Legen Sie sich auf den Rücken, umfassen Sie Ihre rechte Kniekehle mit beiden Händen und ziehen Sie sie an den Oberkörper heran. Mit dem Einatmen das Kinn leicht in Richtung Brust führen.

* Beim Ausatmen die Hände dann fest hinter der rechten Kniekehle verschränken und das rechte Bein so kraftvoll dagegendrücken, dass sich der Oberkörper ganz leicht Wirbel für Wirbel bis in den Sitz aufrollen lässt. Sind Sie oben angekommen, einmal tief einatmen. Der Bauch bleibt flach. Mit dem Ausatmen den Oberkörper langsam wieder nach unten rollen und auf dem Boden ablegen. Dreimal wiederholen. Und die Seite wechseln.

2. Hundred S. 22

* Legen Sie die Hände auf Ihr Powerhouse und bewegen Sie mit dem Einatmen das Kinn wieder leicht nach unten in Richtung Brust, der Kopf bleibt auf der Matte. Beim Ausatmen den Kopf so anheben, dass sich die Schultern vom Boden lösen, der Bauch ist flach. Das rechte Bein nach oben führen, das Knie steht über dem Hüftgelenk, der Unterschenkel ist um 90 Grad angewinkelt. Nach einigen Atemzügen den Kopf wieder auf der Matte ablegen und das Bein wechseln. Fünfmal wiederholen.

TIPP

Entspannen Sie nach dem Training in der Badewanne oder duschen Sie warm, um Muskelkater vorzubeugen.

3. Single Leg Circles

S. 26

∗ Bleiben Sie auf dem Rücken liegen und stellen Sie die Füße hüftbreit auf. Das rechte Bein gerade nach oben zur Decke führen, dabei auch den Fuß lang machen. Beim Ausatmen das gestreckte Bein langsam senken, mit dem Einatmen wieder heben. Zehnmal wiederholen. Dann die Seite wechseln. Zum Schluss beide Beine an die Brust ziehen und in den Sitz hochschaukeln. ▶

4. Spine Stretch S. 34

✳ Heben Sie den Hinterkopf zur Decke, die Beine sind gerade. Beim Ausatmen das Kinn in Richtung Brust bewegen und mit dem Kopf den oberen Rücken Wirbel für Wirbel nach vorne rollen. Dabei den Bauchnabel Richtung Wirbelsäule ziehen, Arme und Schultern locker lassen. Tief einatmen – und mit dem Ausatmen wieder langsam aufrollen. Fünfmal hoch- und runterkommen.

✳ Nach dem letzten Abrollen die Knie leicht anheben, sodass Sie darunter durchgreifen und Ihre Ellenbogen umfassen können. Versuchen Sie, die Position zehn Atemzüge lang zu halten. Beim nächsten Ausatmen wieder langsam aufrollen.

5. Spine Twist

S. 36

✳ Öffnen Sie die Beine schulterbreit und strecken Sie Ihre Arme ganz lang zur Seite aus. Mit dem Ausatmen den Bauchnabel nach innen ziehen. Beim Einatmen den Oberkörper mit gestreckten Armen so weit es geht nach rechts drehen. Mit dem Ausatmen wieder zurück zur Mitte kommen. Seitenwechsel. Die Übung fünfmal wiederholen. Die letzte Drehung zu jeder Seite einige Atemzüge lang halten, dabei die Arme noch etwas mehr in die Länge ziehen.

▶

6. Single Leg Kicks S. 42

✳ Gehen Sie über den Fersensitz (Sit on Heels, S. 40), in die Taube (Pidgeon, S. 41) und legen Sie sich dann flach auf den Bauch. Die Hände befinden sich unter der Stirn, die Ellenbogen zeigen zur Seite. Tief Luft holen und das rechte Bein ein Stück anheben, beim Ausatmen den Unterschenkel in Richtung Po ziehen, mit dem Einatmen wieder strecken – und beim nächsten Ausatmen das Bein ablegen. Die Übung auf der anderen Seite wiederholen. Insgesamt fünf Wiederholungen pro Bein.

7. Side Kicks S. 52

✳ Rollen Sie auf die rechte Seite und legen Sie den Kopf auf dem rechten Arm ab. Beim Ausatmen das Powerhouse aktivieren und beide Beine anheben. Fließend weiteratmen. Das linke Bein etwas höher heben, dann wieder senken. Insgesamt zehnmal. Dann das linke Bein oben halten und das rechte zehnmal auf und ab bewegen. Seitenwechsel.

8. Front Support

S. 58

⁎ Rollen Sie zurück auf den Bauch und gehen Sie in den Vierfüßlerstand: Die Hände sind unter den Schultern, die Knie unter der Hüfte, die Schultern tief, die Zehenspitzen aufgestellt. Mit dem Ausatmen die Knie etwa fünf Zentimeter heben und einige Atemzüge lang so bleiben, der Bauch ist flach. Beim Ausatmen den rechten Fuß vom Boden lösen und diese Position fünf Atemzüge lang halten. Anschließend die Übung mit dem linken Fuß wiederholen. ▪

Für eine tolle Figur

Fester Bauch, schlanke Taille, straffe Beine, knacki-ger Po – all das erreichen Sie mit diesen Übungen, bei denen die tiefen Muskeln gekräftigt werden. Sie legen sich wie ein enges Korsett um die Körpermitte und schnüren sie perfekt in Form. Gleichzeitig trai-nieren die Bewegungen Beine und Po und verleihen rundum schöne Konturen. Der Erfolg ist bereits nach kurzer Zeit spürbar: Laut Joseph Pilates fühlen Sie sich nach 10 Stunden wohler, nach 20 Stunden sehen Sie besser aus und nach 30 Stunden haben Sie einen neuen Körper. Worauf warten Sie also noch? Legen Sie gleich los – dann können Sie sich schon in ein paar Wochen über Ihre Traumfigur freuen.

1. Single Leg Circles mit Kreisen S. 27

✴ Legen Sie sich auf den Rücken und strecken Sie das linke Bein am Boden aus. Das andere Bein gerade nach oben heben und möglichst große Kreise an die Decke »malen«: fünfmal von außen nach innen, fünfmal von innen nach außen. Dabei schön gleichmäßig atmen und ganz ruhig liegen bleiben – zur Kontrolle können Sie die Hände auf das Becken legen.

2. Single Leg Stretch S. 30

✳ Heben Sie die Beine im 90-Grad-Winkel an, sodass die Knie über den Hüftgelenken stehen. Die Arme seitlich nach hinten ausstrecken, sie bilden ein »U«. Mit dem Ausatmen den Bauchnabel einziehen und das rechte Bein langsam diagonal ausstrecken Beim Einatmen das Bein wieder anwinkeln. Jetzt das andere Bein strecken. Insgesamt fünfmal pro Seite.

3. Single Leg Stretch mit gehobenem Kopf S. 31

✳ Legen Sie jetzt Ihre Arme neben dem Becken ab, ziehen Sie das Kinn in Richtung Brust und heben Sie den Kopf an. Dann beide Beine noch je fünfmal strecken – und den Kopf wieder ablegen.

4. Double Leg Stretch S. 32

* Strecken Sie die Arme wieder in U-Form seitlich nach hinten aus. Die Beine bleiben angewinkelt. Mit dem Ausatmen beide Beine diagonal ausstrecken: Sie sind fest geschlossen und die Füße zeigen leicht nach außen. Beim Einatmen die Beine wieder beugen. Fünfmal wiederholen.

5. Side Kicks S. 52

* Legen Sie die Beine ab, rollen Sie auf die rechte Seite und legen Sie den Kopf auf dem rechten Arm ab. Beim Ausatmen das Powerhouse aktivieren und beide Beine mit Kraft aus der Körpermitte heraus anheben. Fließend weiteratmen. Das linke Bein noch etwas höher heben, dann wieder senken – langsam und fließend, ohne anzuhalten. Zehnmal wiederholen. Dann das linke Bein oben halten und das rechte zehnmal auf und ab bewegen. Auf die linke Seite rollen – und die Übung wiederholen.

6. Double Leg Kicks S. 44

* Rollen Sie auf den Bauch, die Hände sind unter der Stirn, die Ellenbogen zur Seite gerichtet. Mit dem Einatmen Oberkörper und Beine anheben, die Hände bleiben an der Stirn. Beim Ausatmen die Unterschenkel langsam beugen, der Bauch ist flach. Mit dem Einatmen wieder strecken, beim nächsten Ausatmen alles ablegen. Dreimal wiederholen – zum Schluss Oberkörper und Beine nicht absetzen, sondern die Arme parallel zum Boden nach hinten führen und die Position einige Atemzüge lang halten.

►

7. Front Support mit gestreckten Beinen S. 59

∗ Bleiben Sie auf dem Bauch liegen, stellen Sie die Zehen auf und drücken Sie sich mit den Händen nach oben: Die gestreckten Arme sind unter den Schultern, Oberkörper, Po und Beine bilden eine gerade Linie. Mit dem Ausatmen den rechten Fuß vom Boden lösen, die Position fünf Atemzüge lang halten. Anschließend die Übung mit dem linken Fuß wiederholen. Der Bauch bleibt die ganze Zeit flach.

8. Back Support mit gestreckten Beinen S. 61

✳ Kommen Sie über das »Inverted V« und die »Crouch« (siehe S. 48 f.) in den aufrechten Sitz. Die Hände hinter dem Po aufsetzen, die Beine ausstrecken und mit dem Becken nach oben kommen. Der Blick zeigt zum Bauchnabel. Diese Position etwa fünf Atemzüge lang halten. Und die Übung noch einmal wiederholen.

9. Side Bend mit gestreckten Beinen S. 63

✳ Setzen Sie sich wieder aufrecht hin, drehen Sie sich auf die rechte Seite und stützen Sie die rechte Hand auf. Die Beine gestreckt lassen, die Schultern tief nach unten bewegen und den linken Arm gerade über den Kopf führen. Mit dem Ausatmen den Bauch einziehen und die rechte Hand gegen die Matte drücken – dann den ganzen Körper anheben. Die Position fünf Atemzüge lang halten. Danach langsam hinsetzen und die Seite wechseln. ∎

Für eine
gute Haltung

Ein krummer Rücken und hochgezogene Schultern machen selbst die schönste Figur zunichte – grazile Bewegungen und eine aufrechte Position lassen uns dagegen gleich viel attraktiver wirken. Probieren Sie es aus! Dieses Programm enthält Übungen, die die Schultern kräftigen, die Wirbelsäule stabilisieren und beweglicher machen. Durch das gezielte Training der tiefen und oberflächlichen Rumpfmuskeln bekommt der Körper zudem die nötige Kraft, um sich bestmöglich auszurichten. Üben Sie täglich: Nur auf diese Weise schaffen Sie es, alte Gewohnheiten abzulegen und auch im Alltagsstress eine anmutige Haltung zu bewahren.

1. Double Leg Stretch S. 32

✶ Legen Sie sich auf den Rücken, die Arme in U-Form seitlich nach hinten ausstrecken. Die Beine angewinkelt anheben. Mit dem Ausatmen den Bauchnabel einziehen und beide Beine diagonal ausstrecken: Sie sind fest geschlossen und die Füße zeigen leicht nach außen. Beim Einatmen die Beine wieder beugen. Die Übung fünfmal wiederholen. Zum Schluss in den Sitz hochrollen.

2. Spine Twist

S. 36

✳ Öffnen Sie die Beine schulterbreit und strecken Sie die Arme ganz lang zur Seite aus. Während des Ausatmens den Bauchnabel nach innen ziehen. Beim Einatmen den Oberkörper mit gestreckten Armen so weit es geht nach rechts drehen. Mit dem Ausatmen wieder zurück zur Mitte kommen. Seitenwechsel. Fünfmal wiederholen. Die letzte Drehung zu jeder Seite einige Atemzüge lang halten, dabei die Arme noch etwas mehr in die Länge ziehen. Zum Schluss die Füße hüftbreit aufstellen und den Rücken langsam Wirbel für Wirbel abrollen. ▶

3. Half Teaser
S. 54

★ Stellen Sie die Füße geschlossen auf, die Arme liegen neben dem Becken. Das rechte Bein im 45-Grad-Winkel nach oben ausstrecken, dabei die Knie weiterhin zusammenhalten. Beim Einatmen die Arme strecken und bis auf Augenhöhe anheben. Mit dem Ausatmen in einem Zug hochrollen, das Powerhouse ist angespannt. Insgesamt dreimal. Dann die Übung mit dem anderen Bein wiederholen.

4. Swimming
S. 56

★ Rollen Sie auf den Bauch, die Hände setzen neben dem unteren Brustkorb auf, sodass die Ellenbogen nach oben zeigen. Ziehen Sie die Wirbelsäule in die Länge. Beim Einatmen den Oberkörper und das rechte Bein anheben. Dabei das Becken gerade auf dem Boden halten. Mit der Ausatmung Oberkörper und Beine ablegen. Beim nächsten Luftholen Oberkörper und linkes Bein heben. Die Übung auf jeder Seite fünfmal wiederholen.

5. Swimming mit gestreckten Armen S. 57

* Heben Sie jetzt gleichzeitig Oberkörper und beide Beine an und führen Sie die Übung dreimal aus. Dann die Arme nach vorne strecken und mit den Beinen im Wechsel heben – beim Einatmen das linke Bein und den rechten Arm, beim nächsten Einatmen das rechte Bein und den linken Arm. Arme und Beine bleiben ständig in der Luft. Fünfmal pro Seite.

6. Shell S. 46

* Setzen Sie die Hände neben dem Brustkorb auf. Einmal tief einatmen. Beim Ausatmen den Bauchnabel einziehen und den Rücken rund machen, sodass sich der Bauch vom Boden löst. Die Arme strecken, den Oberkörper nach oben drücken und das Becken heben. Die Knie beugen und den Po nach hinten führen, bis Sie auf den Fersen sitzen. Diese Position einige Atemzüge lang halten.

7. Mermaid S. 64

✳ Gehen Sie in den Schneidersitz und ziehen Sie
den Bauchnabel zur Wirbelsäule. Mit dem Einatmen
den linken Arm über den Kopf zur rechten Seite führen und so lang wie möglich machen. Beim Ausatmen zurück in die Mitte kommen. Luft holen und die
Seite wechseln. Insgesamt dreimal wiederholen.

✳ Anschließend den Rücken ganz rund machen und
die Stirn auf dem rechten Knie ablegen. Diese
Position einige Atemzüge lang halten, dabei alles
locker lassen. Dann die Stirn auf dem linken Knie
ablegen – und zurück in die Mitte kommen. Die
Beine wechseln, also das untere Bein nach oben
bringen – und die Übung wiederholen. Gehen Sie
zum Schluss zurück in den Fersensitz, stellen Sie
die Zehen auf und kommen Sie in die Hocke.

8. Roll-up & down S. 68

✳ Atmen Sie tief ein, drücken Sie die Füße
gegen die Matte und strecken Sie langsam die
Beine durch. Kopf und Arme locker hängen
lassen. Mit dem Ausatmen den Bauchnabel
nach innen ziehen und den Oberkörper Wirbel
für Wirbel aufrichten. Einmal tief Luft holen.
Dann den Oberkörper wieder genau so
langsam nach unten rollen. Insgesamt dreimal
wiederholen – und aufrecht stehen bleiben.

9. Standing Balance
S. 70

✴ Schließen Sie die Beine und ziehen
Sie den Bauchnabel nach innen.
Jetzt das linke Bein gebeugt anheben, die Hände umfassen die Kniekehle. Das Steißbein nach unten
bewegen, den Hinterkopf zur Decke
ziehen. Diese Position fünf bis zehn
Atemzüge lang halten, dann das Bein
wechseln. Tief Luft holen und beide
Arme zur Decke strecken, dabei sind
die Beine wieder geschlossen. Fließend weiteratmen, dabei auf die Zehenspitzen gehen und fünf Atemzüge
lang die Balance halten. Danach die
Fersen ganz langsam wieder aufsetzen. Zum Schluss die Arme fallen und
locker ausschwingen lassen.

TIPP

**Erinnern Sie sich auch im Alltag
an das Gefühl, den ganzen Körper zu strecken – so verbessert
sich Ihre Haltung noch schneller.**

Für Rücken, Schultern und Nacken

Über 80 Prozent der Deutschen leiden irgendwann in ihrem Leben unter schmerzenden Schultern, steifem Nacken oder verspanntem Rücken. In den meisten Fällen liegt es daran, dass die tiefen Muskelschichten zu schwach sind und ihre stabilisierende Aufgabe nicht richtig erfüllen. Statt wie früher zur Ruhe auf dem Sofa zu raten, empfehlen Ärzte deshalb heute mehr Bewegung – diese Übungen sind dafür ideal: Sie stärken alle wichtigen Partien rund um die Wirbelsäule und sorgen dafür, dass Sie sich auch nach einem langen Arbeitstag frisch und beweglich fühlen. Halten die Schmerzen dennoch an, lassen Sie sich zur Sicherheit von einem Experten untersuchen.

1. Mermaid

S. 64

✳ Gehen Sie in den Schneidersitz und ziehen Sie den Bauchnabel zur Wirbelsäule. Mit dem Einatmen den linken Arm über den Kopf zur rechten Seite führen und so lang wie möglich machen. Beim Ausatmen zurück in die Mitte kommen. Luft holen und die Seite wechseln. Insgesamt dreimal wiederholen.

✳ Anschließend den Rücken ganz rund machen und die Stirn auf dem rechten Knie ablegen. Einige Atemzüge lang halten, dann die Stirn auf dem linken Knie ablegen – und zurück in die Mitte kommen. Die Beine wechseln, also das untere Bein nach oben bringen. Zum Schluss die Füße hüftbreit aufstellen und auf den Rücken rollen.

2. Single Leg Circles

S. 26

✳ Führen Sie das rechte Bein gerade nach oben zur Decke, dabei auch den Fuß lang machen. Beim Ausatmen das gestreckte Bein langsam senken, mit dem Einatmen wieder heben. Wiederholen Sie die Übung zehnmal. Dann die Seite wechseln.

3. Shoulder Bridge

S. 50

* Stellen Sie beide Füße hüftbreit auf, die Arme sind lang nach hinten ausgestreckt. Beim Ausatmen das Becken heben und den Rücken Wirbel für Wirbel aufrollen, bis nur noch die Schulterblätter den Boden berühren. Einmal tief Luft holen.
Mit dem Ausatmen den Rücken wieder langsam abrollen, dabei bleiben Schultern
und Arme locker. Insgesamt dreimal wiederholen. Zum Schluss oben bleiben.

►

4. Shoulder Bridge mit gehobenem Fuß S. 51

✶ Legen Sie Ihre Hände auf das Becken, heben Sie den rechten Fuß und halten Sie diese Position fünf Atemzüge lang. Wichtig dabei ist, das Becken gerade zu lassen und nicht zur Seite zu kippen. Mit dem Einatmen den Fuß absetzen und während des Ausatmens den Rücken langsam abrollen. Die Übung auf der anderen Seite wiederholen.

5. Swimming S. 56

✱ Rollen Sie auf den Bauch, die Hände setzen neben dem unteren Brustkorb auf, sodass die Ellenbogen nach oben zeigen. Ziehen Sie die Wirbelsäule in die Länge. Beim Einatmen den Oberkörper und das rechte Bein arheben. Dabei das Becken gerade auf dem Boden halten. Mit der Ausatmung Oberkörper und Beine ablegen. Beim nächsten Luftholen Oberkörper und linkes Bein heben. Die Übung auf jeder Seite fünfmal wiederholen. Dann Oberkörper und beide Beine heben und die Position einige Atemzüge lang halten.

6. Shell S. 46

✱ Setzen Sie die Hände neben dem Brustkorb auf. Einmal tief einatmen. Beim Ausatmen den Bauchnabel einziehen und den Rücken rund machen, sodass sich der Bauch vom Boden löst. Die Arme strecken, den Oberkörper nach oben drücken und das Becken heben. Die Knie beugen und den Po nach hinten führen, bis Sie auf den Fersen sitzen. Diese Position einige Atemzüge lang halten.

▶

7. Inverted V

S. 48

✳ Legen Sie Ihre Hände möglichst weit vor den Körper und stellen Sie gleichzeitig die Zehen auf. Tief einatmen. Beim Ausatmen die Arme und Beine strecken und den Po in Richtung Decke führen, sodass der Körper ein umgedrehtes »V« ergibt. Die Fersen berühren den Boden. Die Position etwa drei Atemzüge lang halten.

8. Front Support

S. 58

✳ Gehen Sie in den Vierfüßlerstand: Die Hände sind unter den Schultern, die Knie unter der Hüfte, die Schultern tief. Machen Sie den Rücken ganz lang und stellen Sie die Zehenspitzen auf. Mit dem Ausatmen die Knie etwa fünf Zentimeter heben und einige Atemzüge lang so bleiben, der Bauch ist flach. Beim Ausatmen den rechten Fuß vom Boden lösen und diese Position fünf Atemzüge lang halten. Anschließend die Übung mit dem linken Fuß wiederholen. Dreimal pro Seite. Zum Schluss in den Fersensitz kommen.

9. Crouch

✳ Stellen Sie die Zehen auf, heben Sie das Becken an und setzen Sie sich in die Hocke, sodass die Fersen den Boden berühren. Diese Position drei Atemzüge lang halten. Nun den Po absetzen, den Rücken langsam abrollen, wenn nötig dabei an den Schienbeinen festhalten – und lang ausstrecken.

Für starke
Knochen

Unser Skelett stützt den ganzen Körper und gibt uns den nötigen Halt. Im Laufe des Lebens wird es aber immer schwächer: Ab etwa 35 verlieren wir jedes Jahr ein Prozent unserer Knochensubstanz – in Deutschland leidet zudem jede vierte Frau über 60 an Osteoporose, einer Krankheit, bei der die Knochen schon unter leichter Belastung brechen können. Möchten Sie vorbeugen? Gezieltes Krafttraining hilft nachweislich: Sobald ein Muskel angespannt wird, üben die Sehnen Druck auf den Knochen aus und dieser produziert langfristig mehr Substanz, um standhalten zu können. Fangen Sie am besten gleich an: Dieses Programm enthält Übungen, die das Knochengerüst besonders fordern – zudem stärken Sie durch ein angespanntes Powerhouse genau die Muskeln, die die Wirbelsäule umgeben.

1. Single Leg Circles S. 26

✳ Legen Sie sich auf den Rücken und stellen Sie die Füße hüftbreit auf. Das rechte Bein gerade nach oben zur Decke führen, dabei auch den Fuß lang machen. Beim Ausatmen das gestreckte Bein langsam senken, mit dem Einatmen in dem gleichen Tempo heben. Wiederholen Sie die Übung fünfmal. Dann die Seite wechseln.

2. Single Leg Circles mit Kreisen S. 27

✳ Strecken Sie das linke Bein am Boden aus, heben Sie das andere Bein gerade nach oben und »malen« Sie möglichst große Kreise an die Decke: fünfmal von außen nach innen, fünfmal von innen nach außen. Dabei schön gleichmäßig atmen und ganz ruhig liegen bleiben – zur Kontrolle können Sie die Hände auf das Becken legen.

3. Single Leg Stretch S. 30

✶ Heben Sie die Beine im 90-Grad-Winkel an, sodass die Knie über den Hüftgelenken stehen. Die Arme seitlich nach hinten ausstrecken, sie bilden ein »U«.
Mit dem Ausatmen den Bauchnabel einziehen und das rechte Bein langsam
diagonal ausstrecken. Beim Einatmen das Bein wieder anwinkeln. Jetzt das
andere Bein strecken. Insgesamt fünfmal pro Seite.

4. Shoulder Bridge S. 50

✳ Stellen Sie die Füße hüft-breit auf und strecken Sie die Arme lang nach hinten aus. Beim Ausatmen das Becken heben und den Rücken Wirbel für Wirbel aufrollen, bis nur noch die Schulterblätter den Boden berühren. Einmal tief einatmen. Mit dem nächsten Ausatmen den Rücken wieder langsam abrollen, dabei die Schultern und Arme ganz locker lassen. Insgesamt dreimal wiederholen. Zum Schluss oben bleiben.

5. Shoulder Bridge mit gehobenem Fuß S. 51

✳ Legen Sie ihre Hände auf das Becken, heben Sie den rechten Fuß und halten Sie diese Position fünf Atemzüge lang. Wichtig dabei ist, das Becken gerade zu lassen und nicht zur Seite zu kippen. Mit dem Einatmen den Fuß ab-setzen und während des Aus-atmens den Rücken langsam abrollen. Die Übung auf der anderen Seite wiederholen.

6. Back Support

S. 60

★ Stellen Sie die Füße auf und kommen Sie langsam Wirbel für Wirbel hoch in den Sitz. Die Hände hinter dem Po aufsetzen, sodass die Finger nach vorne zeigen. Mit dem Ausatmen das Powerhouse anspannen, die Füße fest gegen den Boden drücken und das Becken anheben, sodass Oberkörper und Beine eine gerade Linie ergeben. Diese Position einige Atemzüge lang halten. Beim Ausatmen das rechte Bein strecken, dabei bleiben die Knie auf einer Höhe. Fünf Atemzüge lang die Position halten, dann die Seite wechseln. Die Übung insgesamt zweimal wiederholen. Zum Schluss den Po wieder absetzen und langsam wieder auf den Rücken rollen.

►

7. Side Bend

S. 62

✳ Drehen Sie sich auf die rechte Seite und stützen Sie den rechten Ellenbogen auf. Die Unterschenkel um 90 Grad anwinkeln, die Schultern tief nach unten bewegen und den linken Arm gestreckt über den Kopf führen. Mit dem Ausatmen den Bauch einziehen und den Ellenbogen gegen die Matte drücken – dann Becken und Brustkorb heben. Diese Position fünf Atemzüge lang halten. Anschließend langsam hinsetzen und die Seite wechseln.

8. Front Support S. 58

S. 58

....

✳ Rollen Sie auf den Bauch und gehen Sie in den Vier-füßlerstand: Die Hände sind unter den Schultern, die Knie unter der Hüfte, die Schultern tief. Machen Sie den Rücken ganz lang und stellen Sie die Zehenspitzen auf. Mit dem Ausatmen die Knie etwa fünf Zentimeter heben und einige Atemzüge lang so bleiben, der Bauch ist flach. Beim Ausatmen den linken Fuß vom Boden

lösen und diese Position fünf Atemzüge lang halten. Anschließend die Übung mit dem rechten Fuß wiederholen. Zum Schluss kommen Sie zurück in den Vierfüßlerstand.

9. Shell S. 46

S. 46

....

✳ Holen Sie tief Luft. Beim Ausatmen den Bauchnabel einziehen und den Po nach hinten führen, bis Sie auf den Fersen sitzen. Diese Position einige Atemzüge lang halten.

Zum
Einschlafen

Sie finden keine Ruhe, wälzen sich im Bett hin und her, können einfach nicht entspannen – geschweige denn einschlafen? Den wenigsten Menschen gelingt das auf Knopfdruck; versucht man es zu erzwingen, klappt es umso weniger. Probieren Sie lieber, sich vor dem Zubettgehen bewusst zu sammeln, sich an die Ereignisse des Tages zu erinnern und den Stress schließlich abzulegen. Dafür sind diese Übungen wie geschaffen: Langsame Bewegungen und eine tiefe Atmung lösen Verspannungen und helfen Ihnen, sich vollkommen auf sich zu konzentrieren – für eine erholsame Nacht, nach der Sie mit voller Energie in den nächsten Tag starten können.

1. Standing Balance
.... S. 70

✶ Stellen Sie sich aufrecht hin, die Beine sind geschlossen, der Bauch ist flach. Heben Sie das rechte Bein gebeugt an, die Hände umfassen die Kniekehle. Das Steißbein nach unten bewegen, den Hinterkopf zur Decke ziehen. Diese Position fünf bis zehn Atemzüge lang halten, dann das Bein wechseln. Tief Luft holen und beide Arme zur Decke strecken, dabei sind die Beine wieder geschlossen. Fließend weiteratmen, dabei auf die Zehenspitzen gehen und fünf Atemzüge lang die Balance halten. Anschließend die Fersen ganz langsam wieder aufsetzen. Zum Schluss die Arme fallen und locker ausschwingen lassen.

TIPP

Lassen Sie dieses Programm zu einem kleinen Ritual werden: Dazu führen Sie die Übungen am besten jeden Tag zur gleichen Zeit aus, zum Beispiel immer bevor Sie abends ins Bad gehen.

2. Roll-up & down S. 68

✳ Lassen Sie Kopf und Arme locker hängen. Mit dem Ausatmen den Bauchnabel nach innen ziehen und den Oberkörper Wirbel für Wirbel nach vorne abrollen. Einmal tief Luft holen. Dann den Oberkörper wieder genau so langsam aufrichten. Insgesamt dreimal – zum Schluss aufrecht stehen bleiben.

3. Crouch S. 49

✳ Setzen Sie sich in die Hocke, die Arme sind dabei leicht angewinkelt, die Fersen berühren den Boden. Versuchen Sie, diese Position drei Atemzüge lang zu halten – dann den Po absetzen. ▶

4. Rolling like a Ball S. 28

* Öffnen Sie die Knie schulterbreit und umfassen Sie Ihre Kniekehlen. Lehnen Sie sich zurück, sodass Ihr Gewicht hinter den Sitzbeinknochen liegt. Ziehen Sie die Beine zu sich heran, machen Sie einen runden Rücken und versuchen Sie, die Balance zu halten. Die Schultern sind tief, die Ellenbogen zur Seite angehoben, der Bauch ist flach.

* Beim Einatmen über den Rücken nach hinten rollen, ohne dass der Kopf den Boden berührt. Mit dem Ausatmen wieder nach oben kommen, die Füße nicht absetzen. Insgesamt zehnmal hin und her rollen.

5. Spine Stretch S. 34

* Setzen Sie sich aufrecht hin, heben Sie den Hinterkopf zur Decke, beim Ausatmen das Kinn in Richtung Brust bewegen und mit dem Kopf den oberen Rücken Wirbel für Wirbel nach vorne rollen. Jetzt tief einatmen – und mit dem Ausatmen wieder langsam aufrollen. Insgesamt fünfmal hoch- und runterkommen.

* Nach dem letzten Abrollen die Knie leicht anheben, sodass Sie darunter durchgreifen und Ihre Ellenbogen umfassen können. Versuchen Sie, die Position zehn Atemzüge lang zu halten. Beim nächsten Ausatmen wieder langsam aufrollen. ▶

6. Mermaid

S. 64

* Gehen Sie in den Schneidersitz und ziehen Sie den Bauchnabel zur Wirbelsäule. Mit dem Einatmen den linken Arm über den Kopf zur rechten Seite führen und so lang wie möglich machen. Beim Ausatmen zurück in die Mitte kommen. Luft holen und die Seite wechseln. Insgesamt dreimal wiederholen.

* Anschließend den Rücken ganz rund machen und die Stirn auf dem rechten Knie ablegen. Diese Position einige Atemzüge lang halten, dabei alles locker lassen. Dann die Stirn auf dem linken Knie ablegen – und zurück in die Mitte kommen. Das untere Bein nach oben bringen – und die Übung noch einmal wiederholen. Zum Schluss die Beine hüftbreit aufstellen und langsam auf den Rücken rollen.

7. Shoulder Bridge

S. 50

* Strecken Sie Ihre Arme lang nach hinten aus – beim Ausatmen das Becken heben und den Rücken Wirbel für Wirbel aufrollen, bis nur noch die Schulterblätter den Boden berühren. Einmal tief einatmen. Mit dem nächsten Ausatmen den Rücken wieder langsam abrollen, dabei Schultern und Arme locker lassen. Insgesamt dreimal wiederholen.

8. Rotation

✳ Legen Sie die Arme so auf dem Boden ab, dass sie ein „U" bilden. Das rechte Knie anwinkeln und langsam zur linken Seite sinken lassen, bis es fast den Boden berührt – die Schultern bleiben auf der Matte. Diese Position etwa fünf Atemzüge lang halten. Zurück in die Ausgangsposition kommen, dann das linke Knie zur rechten Seite führen – und diese Position ebenfalls fünf Atemzüge halten.

Als Anti-Age-Programm

Wird der Körper älter, lässt er uns das spüren – zum Beispiel durch langsamere Reaktionen, nachlassende Muskelkraft oder Gelenkschmerzen. Mit diesem Programm können Sie gezielt etwas dagegen tun: Die Übungen sind so sanft, dass Sie sie bis ins hohe Alter ausführen können, ohne Angst vor Verletzungen haben zu müssen. Gleichzeitig ist das Training so effektiv, dass es dem natürlichen Muskelabbau entgegenwirkt. Das Workout stärkt Ihre Knochen und lässt Ihre Gelenke wieder beweglicher werden. Zudem erhöht die tiefe Atmung die Lungenelastizität, verbessert die Sauerstoffversorgung und hebt so Ihre Leistungsfähigkeit. Joseph Pilates selber trainierte bis zu seinem Tod nach seiner Methode – und war damit selbst im Alter von 83 Jahren noch topfit.

1. Roll–up

S. 24

✳ Sie liegen auf dem Rücken, ziehen die rechte Kniekehle mit beiden Händen in Richtung Brust. Mit dem Einatmen das Kinn leicht nach unten führen, dabei den Kopf auf der Matte lassen. Beim Ausatmen den Kopf nach oben bewegen, sodass sich nur die Schultern vom Boden lösen. Beide Ellenbogen seitlich anheben.

✳ Die Hände fest hinter der rechten Kniekehle verschränken und das rechte Bein so kraftvoll dagegendrücken, dass sich der Oberkörper ganz leicht Wirbel für Wirbel bis in den Sitz aufrollen lässt. Einmal tief einatmen, der Bauch bleibt flach. Mit dem Ausatmen den Oberkörper langsam wieder nach unten rollen und auf dem Boden ablegen. Dreimal wiederholen. Dann die Seite wechseln.

2. Single Leg Circles
mit Kreisen .... S. 27

✶ Strecken Sie das linke Bein am Boden
aus, heben Sie das andere Bein gerade
nach oben und »malen« Sie möglichst
große Kreise an die Decke: fünfmal von
außen nach innen, fünfmal von innen
nach außen. Dabei ganz ruhig liegen bleiben – zur Kontrolle können Sie Ihre Hände auf das Becken legen. Zum Schluss
langsam in den Sitz hochkommen.

3. Rolling like a Ball
.... S. 28

✶ Öffnen Sie die Knie schulterbreit und
umfassen Sie Ihre Kniekehlen. Lehnen
Sie sich zurück, sodass Ihr Gewicht hinter
den Sitzknochen liegt. Ziehen Sie die
Beine zu sich heran, machen Sie einen
runden Rücken und versuchen Sie,
die Balance zu halten. Die Schultern
sind tief, die Ellenbogen zur Seite angehoben, der Bauch ist flach.

◉ ▸ WICHTIG

Lassen Sie sich am besten
von einem Arzt durchche-
cken, bevor Sie mit Ihrem
Training beginnen.

✶ Beim Einatmen über den Rücken nach
hinten rollen, ohne dass der Kopf den
Boden berührt. Mit dem Ausatmen
wieder nach oben kommen, die Füße
nicht absetzen. Zehnmal hin und her
rollen. Zum Schluss in die Rückenlage
gehen und die Arme ablegen. ▸

4. Single Leg Stretch S. 30

✳ Heben Sie die Beine im 90-Grad-Winkel an, sodass die Knie über den Hüftgelenken stehen. Die Arme seitlich nach hinten ausstrecken, sie bilden ein »U«.
Mit dem Ausatmen den Bauchnabel einziehen und das rechte Bein langsam
diagonal ausstrecken. Beim Einatmen das Bein wieder anwinkeln. Jetzt das andere Bein strecken. Insgesamt fünfmal pro Seite.

5. Spine Stretch

* Setzen Sie sich aufrecht hin, heben Sie der Hinterkopf zur Decke. Beim Ausatmen das Kinn in Richtung Brust bewegen und mit dem Kopf den oberen Rücken Wirbel für Wirbel nach vorne rollen. Lassen Sie Ihre Arme und Schultern dabei schön locker. Dann tief Luft holen – und mit dem Ausatmen wieder langsam aufrollen.

* Nach dem letzten Abrollen die Knie leicht anheben, sodass Sie darunter durchgreifen und Ihre Ellenbogen umfassen können. Versuchen Sie, die Position zehn Atemzüge lang zu halten. Beim nächsten Ausatmen wieder langsam aufrollen. ▶

127

6. Mermaid S. 64

✳ Gehen Sie in den Schneidersitz und ziehen Sie den Bauchnabel zur Wirbelsäule. Mit dem Einatmen den linken Arm über den Kopf führen und so lang wie möglich machen. Beim Ausatmen zurück in die Mitte kommen. Luft holen und die Seite wechseln. Insgesamt dreimal wiederholen.

✳ Anschließend den Rücken ganz rund machen und die Stirn auf dem rechten Knie ablegen. Diese Position einige Atemzüge lang halten, dabei alles locker lassen. Dann die Stirn auf dem linken Knie ablegen – und zurück in die Mitte kommen. Die Beine wechseln, also das untere Bein nach oben bringen. Und die Übung wiederholen. Zum Schluss die Beine hüftbreit aufstellen und langsam zurück auf den Rücken rollen.

7. Side Kicks S. 52

✳ Drehen Sie sich auf die rechte Seite und legen Sie den Kopf auf dem rechten Arm ab. Beim Ausatmen das Powerhouse aktivieren und beide Beine anheben. Fließend weiteratmen. Das linke Bein noch etwas höher heben, dann wieder senken. Insgesamt zehnmal wiederholen. Dann das linke Bein oben halten und das rechte zehnmal auf und ab bewegen. Zum Schluss auf die linke Seite drehen und die Übung wiederholen.

8. Swimming mit gestreckten Armen S. 57

✴ Rollen Sie auf den Bauch, strecken Sie die Arme nach vorne, rollen Sie das Steißbein in Richtung Ferse und ziehen Sie die Wirbelsäule in die Länge. Arme, Oberkörper und beide Beine anheben und abwechselnd senken – beim Einatmen das linke Bein und den rechten Arm, beim nächsten Einatmen das rechte Bein und den linken Arm. Dabei bleiben Arme und Beine ständig in der Luft. Fünfmal pro Seite.

9. Standing Balance S. 70

✴ Gehen Sie zunächst in die »Shell« (siehe S. 46), dann in die »Crouch« (siehe S. 49) und kommen Sie anschließend langsam in den Stand. Die Beine sind geschlossen, der Bauch ist flach. Heben Sie das linke Bein gebeugt an, die Hände umfassen die Kniekehle. Das Steißbein nach unten bewegen, den Hinterkopf zur Decke ziehen. Diese Position fünf Atemzüge lang halten, dann das Bein wechseln. Tief Luft holen und beide Arme zur Decke strecken. Fließend weiteratmen, dabei auf die Zehenspitzen gehen und fünf Atemzüge lang die Balance halten. Anschließend die Fersen ganz langsam wieder aufsetzen. Zum Schluss die Arme fallen und locker ausschwingen lassen.

Yoga-Pilates für die Beweglichkeit

Joseph Pilates ließ sich bei der Entwicklung seiner Übungen von verschiedenen Bewegungsmethoden inspirieren – unter anderem von Yoga. Aus diesem Grund sind einige seiner Übungen denen der indischen Lehre von Körper und Geist ähnlich und lassen sich perfekt mit ihr kombinieren. Dieses Programm verbindet die besten Eigenschaften beider Methoden: Die Haltungen kräftigen den Körper, gleichzeitig dehnen sie ihn intensiver, sodass er deutlich beweglicher wird. Genau wie bei einem herkömmlichen Pilates-Workout werden die Positionen fließend ausgeführt – allerdings viel langsamer, um den entspannenden Effekt noch zu steigern.

1. Roll-up   S. 24

✳ Sie liegen auf dem Rücken, ziehen die rechte Kniekehle mit beiden Händen in Richtung Brust. Diese Position fünf tiefe Atemzüge lang halten. Mit dem nächsten Einatmen das Kinn leicht nach unten in Richtung Brust führen, dabei den Kopf auf der Matte lassen. Beim Ausatmen den Kopf nach oben bewegen, sodass sich nur die Schultern vom Boden lösen. Beide Ellenbogen seitlich anheben.

✳ Die Hände fest hinter der rechten Knie-kehle verschränken und das rechte Bein so kraftvoll dagegendrücken, dass sich der Oberkörper ganz leicht Wirbel für Wirbel in den Sitz aufrollen lässt. Tief einatmen, der Bauch bleibt flach. Mit dem Ausatmen den Oberkörper langsam nach unten rollen und ablegen. Dreimal wiederholen. Dann die Seite wechseln.

2. Rotation

✳ Legen Sie die Arme so auf dem Boden ab, dass sie ein „U" bilden. Das rechte Knie anwinkeln und so weit zur linken Seite sinken lassen, bis es fast den Boden berührt – die Schultern bleiben auf der Matte. Diese Position etwa fünf Atemzüge lang halten. Zurück in die Ausgangspo-sition kommen, dann das linke Knie zur linken Seite führen – und diese Position wieder etwa fünf Atemzüge halten.

TIPP

Zu diesem Programm passt eine ruhige Entspannungs-musik – so können Sie noch besser abschalten.

3. Double Leg Stretch

S. 32

✶ Winkeln Sie zunächst beide Beine an und strecken Sie sie dann mit dem Ausatmen diagonal aus: Sie sind fest geschlossen und die Füße zeigen leicht nach außen. Halten Sie diese Position etwa fünf Atemzüge lang. Beim nächsten Einatmen die Beine wieder beugen. Fünfmal wiederholen. Zum Schluss in den Sitz rollen. ▶

4. Spine Stretch S. 34

✳ Setzen Sie sich aufrecht hin, heben Sie den Hinterkopf zur Decke. Beim Ausatmen das Kinn in Richtung Brust bewegen und mit dem Kopf den oberen Rücken Wirbel für Wirbel einrollen. Tief Luft holen – und mit dem Ausatmen wieder langsam aufrollen. Fünfmal hoch- und runterrollen.

✳ Nach dem letzten Abrollen die Knie leicht anheben, sodass Sie darunter durchgreifen und Ihre Ellenbogen umfassen können. Versuchen Sie, die Position zehn Atemzüge lang zu halten. Beim nächsten Ausatmen wieder langsam aufrollen.

5. Back Support mit gestreckten Beinen S. 61

✴ Setzen Sie die Hände hinter dem Po auf, strecken Sie die Beine gerade aus und kommen Sie dann mit dem Becken nach oben. Der Blick zeigt zum Bauchnabel. Diese Position etwa fünf Atemzüge lang halten. Dann den Po kurz absetzen und die Übung noch einmal wiederholen.

▶

6. Sit on Heels

S. 40

✱ Sie sitzen aufrecht auf dem Boden, die Beine sind aufgestellt. Stützen Sie die linke Hand neben dem Becken auf, lassen Sie die Knie nach links sinken und ziehen Sie die Füße an den Po. In einem Atemzug den Oberkörper nach vorne verlagern, das Becken anheben und auf den Fersen zum Sitzen kommen – dabei den Fußrücken flach auf die Matte legen, die Hände berühren die Knie. Das Steißbein nach unten bewegen, die Wirbelsäule aufrichten und die Dehnung fünf Atemzüge lang halten.

7. Pidgeon

S. 41

* Strecken Sie das linke Bein nach hinten aus, dabei das Becken ganz gerade lassen. Die Hände neben den Knien abstützen, sodass die Finger nach vorne zeigen. Während des Einatmens das Brustbein in Richtung Decke heben und versuchen, diese Dehnung fünf Atemzüge lang zu halten.

►

8. Inverted V S. 48

＊ Strecken Sie das rechte Bein ebenfalls nach hinten aus und stellen Sie die Zehen auf. Beim Ausatmen Arme und Beine strecken und den Po in Richtung Decke führen, sodass der Körper ein umgedrehtes »V« ergibt. Die Fersen berühren den Boden. Die Position fünf Atemzüge lang halten. Anschließend in die Hocke gehen.

9. Roll-up & down S. 68

✳ Drücken Sie die Füße gegen die Matte und strecken Sie langsam die Beine durch. Kopf und Arme locker hängen lassen. Mit dem Ausatmen den Bauchnabel nach innen ziehen und den Oberkörper Wirbel für Wirbel aufrichten. Einmal tief Luft holen. Dann den Oberkörper wieder genau so langsam nach unten rollen. Insgesamt dreimal wiederholen – zum Schluss aufrecht stehen bleiben.

10. Standing Balance S. 70

✳ Die Beine sind geschlossen, der Bauch ist flach. Heben Sie das linke Bein gebeugt an, die Hände umfassen die Kniekehle. Das Steißbein nach unten bewegen, den Hinterkopf zur Decke ziehen. Diese Position zehn Atemzüge lang halten, dann das Bein wechseln. Tief Luft holen, beide Arme zur Decke strecken, die Beine sind wieder geschlossen. Fließend weiteratmen, dabei auf die Zehenspitzen gehen und versuchen, fünf Atemzüge lang diese Balance zu halten. Anschließend die Fersen ganz langsam wieder aufsetzen. Zum Schluss die Arme fallen und ganz locker ausschwingen lassen.

Für
Schwangere

Haben Sie bereits gute Erfahrungen mit Pilates gesammelt? Dann können Sie auch jetzt weitertrainieren. Dieses Programm macht es Ihnen ganz leicht: Es enthält spezielle Übungen, die die Wirbelsäule stärken und Rückenschmerzen vorbeugen – gleichzeitig sorgt die tiefe Atmung dafür, dass Sie noch mehr Sauerstoff aufnehmen und sich weniger schlapp fühlen. Achten Sie darauf, jede Dehnung nur so weit auszuführen, bis ein ganz leichter Widerstand zu spüren ist: Bereits in den ersten Wochen der Schwangerschaft schüttet der Körper Hormone aus, die Sehnen und Bänder flexibler werden lassen, sodass sie leicht überdehnen. Bei diesem Workout geht es nicht darum, sich auszupowern: Wichtig ist, dass Sie sich während des Trainings wohlfühlen – und die Schwangerschaft noch intensiver genießen können.

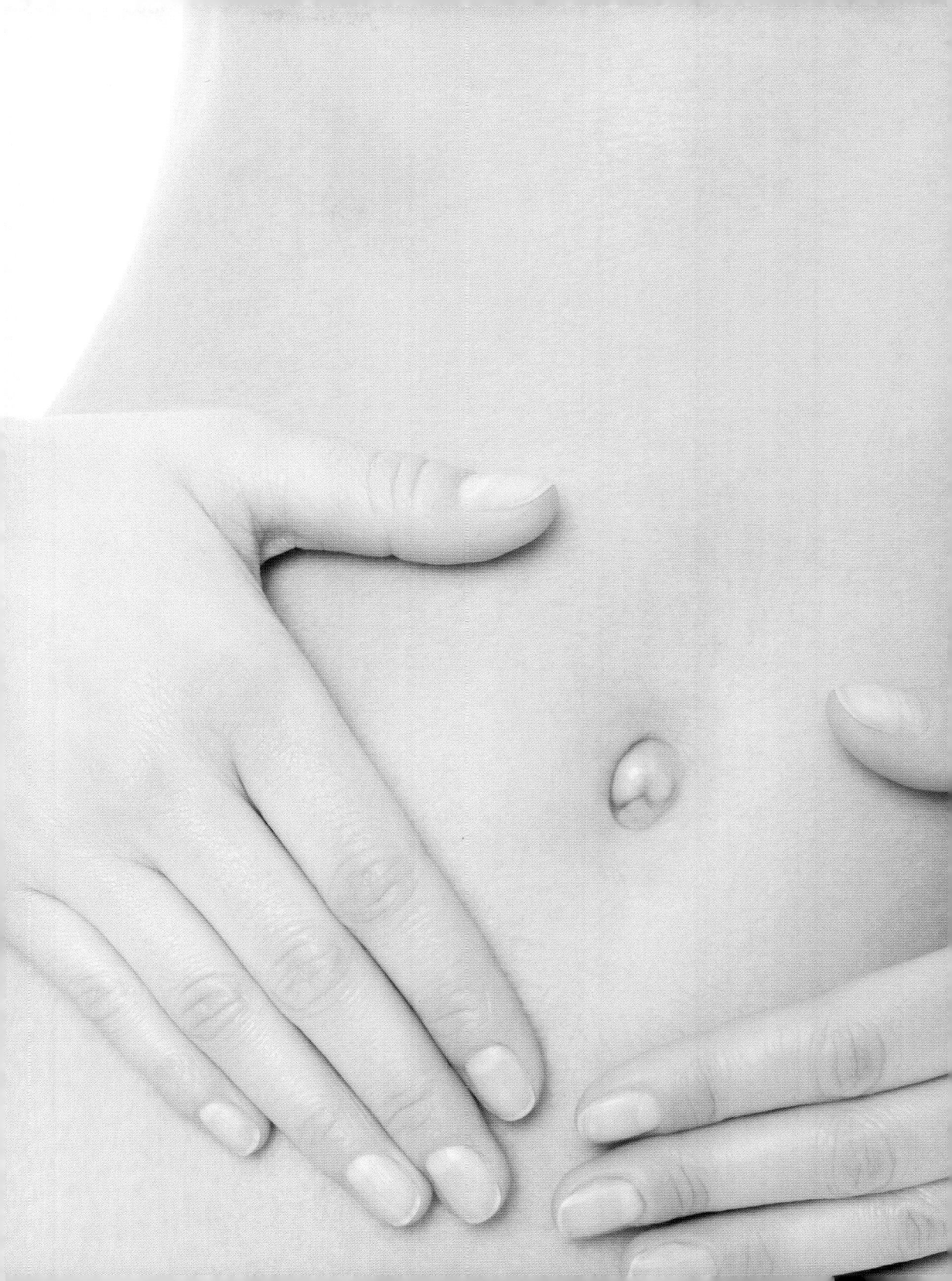

1. Standing Balance S. 70

✶ Stellen Sie sich aufrecht hin, der Bauch ist flach. Heben Sie nun das rechte Bein gebeugt an, die Hände umfassen die Kniekehle. Das Steißbein nach unten bewegen, den Hinterkopf zur Decke ziehen. Diese Position fünf Atemzüge lang halten, dann das Bein wechseln. Tief Luft holen, beide Arme zur Decke strecken, die Beine sind wieder geschlossen. Fließend weiteratmen, dabei auf die Zehenspitzen gehen und fünf Atemzüge lang die Balance bewahren. Dann die Fersen langsam wieder aufsetzen. Zum Schluss die Arme fallen und ausschwingen lassen.

2. Roll-up & down S. 68

✶ Lassen Sie Kopf und Arme locker hängen. Mit dem Ausatmen den Bauchnabel nach innen ziehen und den Oberkörper Wirbel für Wirbel abrollen. Einmal tief Luft holen. Dann den Oberkörper wieder genau so langsam aufrichten. Insgesamt dreimal – zum Schluss in die Hocke gehen, den Po absetzen und auf den Rücken rollen.

 **WICHTIG**

Alle Haltungen, die Ihnen oder Ihrem Baby schaden könnten, haben wir weggelassen.

3. Single Leg Circles mit Kreisen S. 27

✷ Strecken Sie das linke Bein am Boden aus, heben Sie das andere Bein gerade nach oben und »malen« Sie möglichst große Kreise an die Decke: fünfmal von außen nach innen, fünfmal von innen nach außen. Dabei schön gleichmäßig atmen und ganz ruhig liegen bleiben – zur Kontrolle können Sie einfach Ihre Hände auf das Becken legen.

4. Single Leg Stretch S. 30

✷ Heben Sie die Beine im 90-Grad-Winkel an, sodass die Knie über den Hüftgelenken stehen. Die Arme seitlich nach hinten ausstrecken, sie bilden ein »U«. Mit dem Ausatmen den Bauchnabel einziehen und das rechte Bein langsam diagonal ausstrecken. Beim Einatmen das Bein wieder anwinkeln. Jetzt das andere Bein strecken. Insgesamt fünf Wiederholungen pro Seite. Und zum Schluss in den Sitz rollen.

5. Spine Stretch
S. 34

＊ Lehnen Sie sich mit dem Rücken an eine Wand – so fällt Ihnen die Übung in der Schwangerschaft leichter. Heben Sie den Hinterkopf zur Decke. Beim Ausatmen das Kinn in Richtung Brust bewegen und mit dem Kopf den oberen Rücken Wirbel für Wirbel einrollen. Tief einatmen – und mit dem Ausatmen wieder langsam aufrollen. Fünfmal hoch- und runterrollen.

＊ Nach dem letzten Abrollen die Knie leicht anheben, sodass Sie darunter durchgreifen und Ihre Ellenbogen umfassen können. Versuchen Sie, die Position zehn Atemzüge lang zu halten. Beim nächsten Ausatmen wieder langsam aufrollen. Zum Schluss die Beine aufstellen und langsam in die Rückenlage kommen.

6. Shoulder Bridge

S. 50

* Stellen Sie die Füße sind hüftbreit auf, die Arme sind lang nach hinten ausgestreckt. Beim Ausatmen das Becken heben und den Rücken Wirbel für Wirbel
aufrollen, bis nur noch die Schulterblätter den Boden berühren. Einmal tief einatmen. Mit dem nächsten Ausatmen den Rücken wieder langsam abrollen,
dabei die Schultern und Arme ganz locker lassen. Insgesamt dreimal wiederholen. Zum Schluss mit dem Rücken oben bleiben.

▶

7. Shoulder Bridge mit gehobenem Fuß S. 51

★ Legen Sie ihre Hände auf das Becken, heben Sie den rechten Fuß und halten Sie diese Position fünf Atemzüge lang. Wichtig dabei ist, das Becken gerade zu lassen und nicht zur Seite zu kippen. Mit dem Einatmen den Fuß absetzen und während des Ausatmens den Rücken langsam abrollen. Die Übung auf der anderen Seite wiederholen.

8. Side Kicks S. 52

S. 52

✴ Rollen Sie auf die rechte Seite, und legen Sie den Kopf auf dem rechten Arm ab. Beim Ausatmen das Powerhouse aktivieren und beide Beine anheben. Fließend weiteratmen. Das linke Bein noch etwas höher heben, dann wieder senken. Insgesamt zehnmal wiederholen. Dann das linke Bein oben halten und das rechte zehnmal auf und ab bewegen.

9. Side Kicks mit gehobenen Armen S. 53

S. 53

✴ Zum Schluss die gestreckten Arme ebenfalls anheben und versuchen, einige Atemzüge lang die Balance zu halten. Anschließend auf den Rücken rollen, ohne dass die Arme und Beine den Boden berühren. Und die Übung zur anderen Seite wiederholen. ■

Nach der Geburt

Wenn Ihr Baby endlich auf der Welt ist, gibt es ständig etwas zu tun – vergessen Sie aber nicht, auch genügend Zeit für sich einzuplanen. Ein paar Minuten Pilates am Tag bringen Sie schnell wieder in Form. Mit diesem Programm können Sie etwa sechs Wochen nach einer normalen Geburt und etwa drei Monate nach einem Kaiserschnitt loslegen: Die Übungen stärken Ihren Rücken, damit Sie keine Schmerzen bekommen, wenn Sie Ihr Kind tragen; außerdem kräftigen sie den Nacken, der durch die ungünstige Haltung beim Stillen häufig strapaziert wird. Vor allem unterstützt das Training aber den Beckenboden, der die inneren Organe an ihrem Platz hält und einer Harninkontinenz vorbeugt. Versuchen Sie, ihn neben dem Workout auch im Alltag mehrmals täglich kurz anzuspannen – das macht kaum Mühe, ist aber sehr effektiv.

1. Mermaid

S. 64

✳ Gehen Sie in den Schneidersitz und ziehen Sie den Bauchnabel zur Wirbelsäule. Mit
dem Einatmen den linken Arm
über den Kopf zur rechten Seite
führen und so lang wie möglich machen. Beim Ausatmen
zurück in die Mitte kommen. Luft
holen und die Seite wechseln.
Insgesamt dreimal wiederholen.

✳ Anschließend den Rücken
ganz rund machen und die Stirn
auf dem rechten Knie ablegen.
Diese Position einige Atemzüge
lang halten, dabei alles locker
lassen. Dann die Stirn auf dem
linken Knie ablegen – und zurück in die Mitte kommen. Die
Beine wechseln, also das untere
Bein nach oben bringen. Und
die Übung noch einmal wiederholen. Zum Schluss die
Füße hüftbreit aufstellen und
langsam auf den Rücken rollen.

2. Rotation

* Legen Sie die Arme so auf dem Boden ab, dass sie ein »U« bilden. Das rechte Knie anwinkeln und so weit zur linken Seite sinken lassen, bis es fast den Boden berührt – die Schultern bleiben auf der Matte. Diese Position fünf Atemzüge lang halten. Zurück in die Ausgangsposition kommen, dann das linke Knie zur rechten Seite führen – und diese Position ebenfalls fünf Atemzüge lang halten. Zum Schluss in den Sitz hochschaukeln.

3. Rolling like a Ball

S. 28

* Öffnen Sie die Knie schulterbreit und umfassen Sie Ihre Kniekehlen. Lehnen Sie sich zurück, sodass Ihr Gewicht hinter den Sitzknochen liegt. Ziehen Sie die Beine zu sich heran, machen Sie einen runden Rücken und halten Sie die Balance. Die Schultern sind tief, die Ellenbogen zur Seite angehoben, der Bauch ist flach.

* Beim Einatmen über den Rücken nach hinten rollen, ohne dass der Kopf den Boden berührt. Mit dem Ausatmen wieder nach oben kommen, die Füße nicht absetzen. Zehnmal hin und her rollen. Zum Schluss langsam in die Rückenlage kommen und die Arme ablegen.

►

4. Single Leg Stretch S. 30

✶ Heben Sie die Beine im 90-Grad-Winkel an, sodass die Knie über den Hüftgelenken stehen. Die Arme seitlich nach hinten ausstrecken, sie bilden ein »U«. Mit dem Ausatmen den Bauchnabel einziehen und das rechte Bein langsam diagonal nach vorne ausstrecken. Beim Einatmen das Bein wieder anwinkeln. Anschließend das andere Bein strecken. Insgesamt fünfmal pro Seite.

5. Single Leg Stretch mit gehobenem Kopf S. 31

✶ Legen Sie jetzt Ihre Arme neben dem Becken ab, ziehen Sie das Kinn in Richtung Brust und heben Sie den Kopf an. Versuchen Sie, in dieser Position beide Beine noch je fünfmal zu strecken. Anschließend den Kopf wieder langsam ablegen.

6. Double Leg Stretch S. 32

✶ Strecken Sie die Arme wieder in U-Form seitlich nach hinten aus. Die Beine bleiben angewinkelt. Mit dem Ausatmen beide Beine diagonal ausstrecken: Sie sind fest geschlossen und die Füße zeigen leicht nach außen. Während des Einatmens die Beine wieder beugen. Insgesamt fünfmal wiederholen.

7. Single Leg Kicks S. 42

✳ Rollen Sie auf den Bauch, die Hände sind unter der Stirn, die Ellenbogen zeigen zur Seite. Ziehen Sie den Rücken in die Länge, der Bauch ist flach. Mit dem Einatmen das rechte Bein ein Stück anheben. Beim Ausatmen den Unterschenkel in Richtung Po ziehen. Mit dem Einatmen wieder strecken. Beim nächsten Ausatmen das Bein ablegen. Und die Übung auf der anderen Seite wiederholen. Fünfmal pro Bein.

8. Swimming S. 56

✳ Setzen Sie die Hände neben dem unteren Brustkorb auf, sodass die Ellenbogen nach oben zeigen. Ziehen Sie die Wirbelsäule in die Länge. Beim Einatmen den Oberkörper und das rechte Bein anheben. Dabei das Becken ganz gerade auf dem Boden halten. Mit der Ausatmung alles ablegen. Beim nächsten Luftholen den Oberkörper und das linke Bein heben. Die Übung auf jeder Seite insgesamt fünfmal wiederholen.

9. Swimming mit gestreckten Armen S. 57

✱ Heben Sie jetzt beide Beine gleichzeitig an und führen Sie die Übung dreimal aus. Versuchen Sie dann, die Arme nach vorn zu strecken und mit den Beinen im Wechsel zu heben. Beim Einatmen das linke Bein und den rechten Arm, während des nächsten Einatmens das rechte Bein und den linken Arm. Dabei bleiben die Arme und Beine ständig in der Luft. Insgesamt fünfmal pro Seite. ■

Pilates an Geräten

Sie haben sie vielleicht schon einmal gesehen oder davon gehört: von den Geräten, die das Pilates-Training auf der Matte ergänzen. Auf den ersten Blick erinnern sie an alte Folterinstrumente – doch es sind durchdachte Konstruktionen, die genau so effektiv sind wie moderne Hightechmaschinen. Sie helfen, die klassischen Übungen wahlweise einfacher oder anspruchsvoller zu gestalten, so wie man es gerade möchte. Anfänger, die bei einer Übung auf der Matte noch schummeln müssen, können die gleiche Bewegung am Gerät präzise ausführen. Und Fortgeschrittene, die eine neue Herausforderung suchen, bringen mit den zusätzlichen Widerständen und instabilen Untergründen mehr Abwechslung ins Training.

Eines der wichtigsten Geräte ist der sogenannte »Reformer«. Joseph Pilates entwickelte ihn in den 20er-Jahren – und zwar aus einem Bett: Den Lattenrost ersetzte er durch ein bewegliches Brett, das sich vor- und zurückrollen lässt. Am Kopfende befestigte er zwei Schlaufen, die als Stütze oder Widerstand genutzt werden können. So lässt sich zum

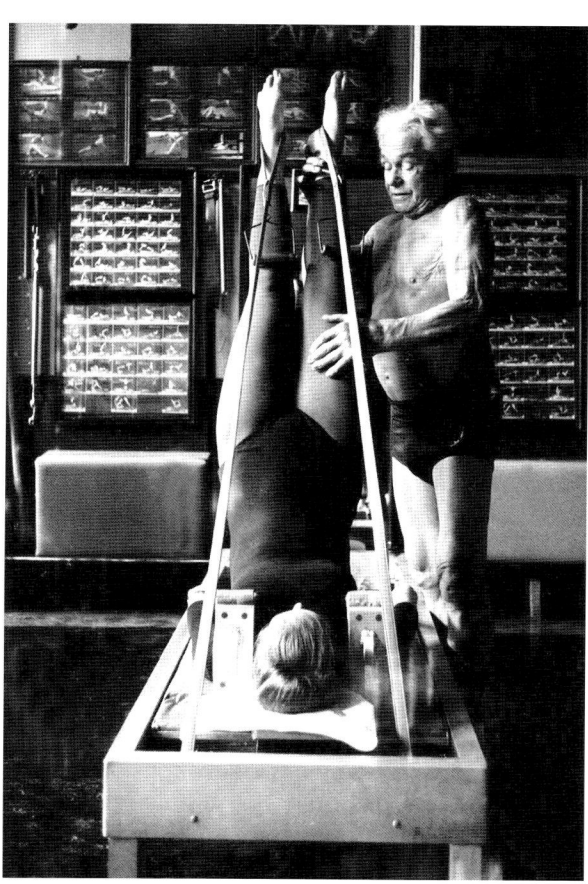

Auf dem so genannten Reformer fällt Anfängern die «Short Spine»-Haltung gleich viel leichter

Beispiel das Hochrollen der Wirbelsäule in den »Short Spine«, die Kerzenhaltung (siehe Foto), auf dem Reformer viel präziser ausführen: Die Schlaufen halten die Füße in der Luft, dadurch fällt nicht nur das Auf- und Abrollen sehr viel leichter, auch Rücken und Nacken werden entlastet, sodass man sich vollkommen auf sein Powerhouse konzentrieren kann. Der sogenannten »Roll-up«-Übung, bei der man den Oberkörper aus der Rückenlage aufrollt, ohne die Füße anzuheben, helfen Ungeübte auf dem Boden häufig mit Schwung nach. Am Trainingsgerät werden sie von einer Haltestange unterstützt – so bleibt die Bewegung zwar immer noch anstrengend, lässt sich aber auch von Anfängern richtig machen.

Insgesamt entwickelte Joseph Pilates vier verschiedene Basisgeräte, auf denen über 200 unterschiedliche Übungen möglich sind – den Reformer, Chair, Ladder, Barrel und Cadillac. Immer mehr professionelle Pilates-Studios besitzen mittlerweile alle oder zumindest einige dieser Geräte, am häufigsten den Reformer.

Gut zu wissen

✦ Lassen Sie sich den Umgang mit den Geräten zunächst von einem gut ausgebildeten Trainer erklären – zum Beispiel, wie Sie diese Ihrer individuellen Körpergröße und Ihren Fähigkeiten entsprechend einstellen können. Es gibt viele Unterschiede zu den herkömmlichen Kraftmaschinen im Fitnessstudio.

✦ Da die Bewegungen auf den Geräten leichter fallen, übernehmen sich Einsteiger häufig. Besser ist es, erst mal bei den Anfänger-Übungen zu bleiben und die Möglichkeit zu nutzen, sich ganz intensiv auf das Powerhouse zu konzentrieren.

✦ Achten Sie auch beim Training an den Pilates-Geräten darauf, immer ein Handtuch unterzulegen. Wer nicht barfuß trainieren möchte, kann rutschfeste Socken anziehen.

REGISTER

Anti-Age 122
Arme 48, 58, 62
Atmung 11, 14, 22
Ausdauertraining 12
Anfänger 16, 36, 75

Back Support 60
Balance 28, 38, 52
Bandscheibenprobleme ...12,69
Barrel 157
Bauch ...26,30,32,36, 41,54,58
Beckenboden 13, 14, 26
Beine 26,30, 32, 34, 42, 44,
46, 48, 50, 52, 58, 70
Beweglichkeit.....12, 32, 34, 36,
50, 130
Bewegungsfluss 11

Cadillac 157
Chair 157
Crouch 49, 67

Dehnung 18, 40, 131
Double Leg Kicks 44
Double Leg Stretch 32

Einschlafen 114
Einsteigerinnen 16, 36, 75

Fersensitz 40
Figur 82
Fortgeschrittene 16
Front Support 58
Füße 40

Geburt, nach der 148
Gelenke 12, 122
Geräte 156

Half Teaser 54
Halswirbelsäule 33
Haltung 12, 36, 91
Haltungsfehler 11

Herz-Kreislauf-System........ 12
Hüfte 26, 40, 41, 46, 62, 70
Hundred 22

Inkontinenz 13
Inverted V 48

Kaiserschnitt 149
Kontrolle 11
Konzentration 11
Koordination 12, 28, 30,
38, 44
Knieprobleme 12
Knochen 12, 106, 122

Ladder 157

Meditation 11
Meerjungfrau 64
Mermaid 64
Muschel 46
Muskeln, tiefe 12, 14

Nacken 98

Oberschenkel 40
Open Leg Balance 38
Osteoporose 12, 106

Pidgeon 41
Pilates, Joseph Hubertus 8
Po 42, 50, 56
Positionswechsel 40
Powerhouse 11, 14, 22
Präzision 11

Reformer 156
Rolling like a ball 28
Roll-up 24, 157
Roll-up & down 68
Rotation 121, 132, 151

Rücken 12, 26, 28,
30, 34, 38, 42, 44, 46, 49, 50, 52,
56, 60, 62, 98
Rückenprobleme 43,
55, 57, 68

Schultern ...46, 60, 62, 64, 98
Schwangere 140
Shell 46
Shoulder Bridge 50
Side Bend 62
Side Kicks 52
Single Leg Circles 26
Single Leg Kicks 42
Single Leg Stretch 30
Sit on Heels 40, 66
Sitzbeinknochen 14, 39, 65
Spine Stretch 34
Spine Twist 36
Sprunggelenke 70
Standing Balance 70
Swimming 56

Taille 36, 52, 62
Taube 41

Übergang von der Bauch-
in die Rückenlage 48
Übergang vom Sitz in die
Bauchlage 40
Übergang vom Sitz
in die Hocke 66

Verspannung 12, 115

Waden 48
Warm-up 18
Wechseljahre 13
Wirbelsäule 24, 34, 64, 68

Yoga-Pilates 48, 130

Zentrierung 11

IMPRESSUM

FSC
Mix
Produktgruppe aus vorbildlich
bewirtschafteten Wäldern und
anderen kontrollierten Herkünften
Zert.-Nr. GFA-COC-001526
www.fsc.org
© 1996 Forest Stewardship Council

Das für dieses Buch verwendete FSC-zertifizierte Papier
Opuspraximatt liefert Condat, Le Lardin Saint-Lazare,
Frankreich.

2. Auflage
BRIGITTE-Buch im Diana Verlag
Originalausgabe 10/2008
Copyright © 2008 bei Diana Verlag, München,
in der Verlagsgruppe Random House GmbH
Printed in Germany 2009

Autoren Melanie Grimsehl, Verena Geweniger
Art-Direktion, Layout + Satz Christiane Kapaun
Fotos Sonja Tobias
Fotos Josef Pilates I. C. Rapoport
Autorenfotos Lars Matzen, Roger Richter Photography
Produktion Merle Rebentisch
Haare & Make-up Manos/Bigoudi
Model Katja Brandt
Top: USA PRO, Hose: Stella McCartney für Adidas,
Matte: www.yogistar.com

Umschlaggestaltung Eisele Grafik-Design, München
Herstellung Gabriele Kutscha
Litho dietnerZ, PrePrint-Produktion, München
Druck+Bindung Druckerei Uhl, Radolfzell
ISBN 978-3-453-28517-0
http://www.diana-verlag.de

Loslegen und loslassen –
Yoga für jede Lebenslage

Yoga trainiert den ganzen Körper, gibt Kraft und Selbstbewusstsein, kann sogar Schmerzen lindern. Mit diesem Buch brauchen Sie keinen Guru und keinen Trip nach Indien, um Yoga kennenzulernen: *BRIGITTE-Yoga* beschreibt die wichtigsten Haltungen und enthält 14 speziell entwickelte Übungsfolgen für Körper und Seele.

❀ Yoga pur – alle Infos
für den schnellen Einstieg

❀ Die Wirkung der
25 wichtigsten Yoga-
Übungen detailliert erklärt

❀ Einfache Step-by-Step-
Anleitungen für zu Hause

Durchgehend vierfarbig · ISBN 978-3-453-28512-5
Leseprobe unter www.diana-verlag.de

Diana Verlag